門 열면 밝은 세상

포엠포엠 Books 012

통융 시집

■ 자서

지금 나는 여기에

이 세상에 태어나 가장 수지맞는 일이라면 참 진리(佛法)의 스승을 만난 행운이다.
一燈能除千年闇 일등능제천년암
一智能滅萬年愚 일지능멸만년우
한 등불이 능히 천년의 어둠을 없애고
한 지혜가 능히 만년의 어리석음을 없앤다는 말처럼
무지의 어둠을 밝히는 진리로 깨어 사는 내가 되어있다는 것,
이것보다 더 신명나는 인생놀이 한판 굿이 있겠는가.
한 방울의 물이 영원히 마르지 않으려면 바다에 몸을 던지듯…

늘 주인공으로 '지금'을 이렇게 알아차리는 마음 챙김의 삶,
 나의 본성(性)인 부모와 조상에게, 나의 몸인 지수화풍(地水火風), 나의 모든 존재(空)가 한 우리(宇宙)인 '한 몸 한 생명'으로 연결된 연기(緣起)의 운명공동체임을 알아차림에 감사한다.

내가 숨 쉬고 있는 심장의 박동과 들길을 걷는 이 순간이 기적임을 알아차림에 감사하고.

바람결에 스치는 꽃향기를 느끼며 풀 한 포기 나무 한 그루 돌멩이 하나 까지 펼쳐진 자연과 사이존재로 함께 어울러 깨어있는 지혜로 살게 됨을 감사한다.

진리나 행복을 밖을 향해 찾아다니며 미래의 구원을 기복하던 길을 내 안에서 '내가 누구인지'를 바로 알아차리고 '지금 나는 여기서' 여여하게 살아가는 자유의 허허로움에 감사한다.

이러한 위없이 바르고 평등한 깨달음 〈無上正等正覺〉을 통해 이웃에 대한 존경과 하심으로 사랑과 자비를 회향하는 인연공덕과 알아차림에 더없이 고맙고 감사한다.

그래서 늘 처음도 좋고 중간도 좋고 끝도 좋다.

'스님은 왜 출가를 했습니까?' 집과 세속의 인연을 떠나서요.

한 평생 지장보살의 자비 행으로 유명한 팔순의 노스님에게 선문답 같은 질문을 받은 내용이다. 출가자들에게 누구나가 가장 궁금한 질문일 것이다.

나는 빙그레 웃었다.

"가족과 세속의 인연을 버리고 떠나는 것이 출가라 생각 했는데 오히려 더 많은 인연, 우주의 모든 중생이 모두 내 가족이 되었습니다."
라고 말씀 드린 적이 있다.

출가는 몸이나 환경을 바꾸고 조용한 곳으로 떠나는 것이 출가가 아니다.

내 마음에 살고 있는 오온(五蘊)이 집이고 18계와 탐진치(貪嗔痴)로 만든 괴로움의 분별심이 세속의 가족임을 알아차리고 이 인연으로부터 떠나는 것이 진정한 출가일 것이다.

즉 내가 누구인가를 깨달아 지금을 100%사는 자가 출가자 이며 그 삶이 불법을 수행하는 수행자인 것이다.

나는 일찍부터 존재에 대한 의문을 많이 가졌다. 덕분에 동서양의 철학과 종교학, 인도의 베다와 많은 정신적 수행자들의 가르침과 소리에 귀를 열고 기웃거렸으나 나의 존재에 대한 의문이 해결되지 않았다.

그런데 침묵의 성자로 잘 알려진 바가반 슈리 라나마 마하리쉬(1879~1950)의 '나는 누구인가' 책을 만나면서 나의 존재에 대한 의문이 풀리기 시작 했다.

"그대 자신을 이해하지 못했는데 다른 것들을 이해한들 무슨 소용 있으랴, 그대 자신을 이해했다면 달리 이해할 것이 뭐가 있으랴?"며 철저한 수행과 체험을 통해 진아(眞我)의 통찰을 설명한 구루의 맑고 투명한 침묵의 눈빛 속에 나의 모든 영혼을 빼앗겨 버렸다. 그리고 꿈속에서 사제의 연을 맺고 영적인 제자가 된 것이 출가의 동기다.

근대 심리학의 대표자인 칼 구스타프 융(Carl Gustav Jung, 1875~1961)도 나는 누구인가의 책에 서문을 쓰면서 그를 근대의 부처라고 할 만큼 찬사를 아끼지 않았다.

참된 스승은 항상 참 자아 속에 거하며 어느 때, 어느 곳, 어떤 상황에서든 항상 흔들리지 않는 모습으로 만물을 평등하게 대하는 사람이 진정한 스승이다. 같이 있으면 그대가 평화로워지는 사람을 스승으로 선택하라. 참된 스승은 그대에게 어떠한 것도 요구하지 않는다. 다만, 스스로의 삶을 통해 그대에게 자유와 평화로 나아가도록 모델을 제시할 뿐이라고 마하리쉬님은 말하고 있다.

또한 참된 스승이란 자기 자신이고, 둘 없는 하나이며 그대 밖에도 있고 안에도 있다. 밖에 있는 스승은 제자의 마음이 안으로 향하도록 밀어붙이고, 안에 있는 스승은 마음을 참 자아 쪽으로 끌어당겨 마음이 고요해지도록 돕는다. 이것이 스승의 은총이다. 신과 스승과 진아(眞我) 사이에는 아무런 차이도 없다고 했다.

〈나〉라는 생각에 대한 자기주시(self-attention) 또는 자각(自覺)의 자기탐구를 하면서 수행하는 방법이 비슷한 선(禪)불교의 화두 참선수행에 더욱 관심이 많아졌다.

그러다 보니 불교에 대한 이해가 깊어졌다. "수행자여 직접 와서 보고 진리를 스스로 체험하여 알아차리라"고 한 부처님의 유혹도 있었지만 그가 깨달은 연기법(緣起法)인 중도(中道)의 논리는 나의 모든 존재와 법의 본성(本性)을 보다 더 객관적이고 합리적으로 이해 할 수 있게 했다.

우주의 모든 만물은 인연과(因緣果)로 일어난다. 원인을 인(因)이라 하고 조건인 연(緣)이 의해서 일어난 결과를 과(果)라 한다. 밥을 짓기 위해 쌀과 물, 불의 조건이 맞아야 하듯 한 송이 꽃을 피우기위해서도 햇살과 공기와 땅과 바람과 우주의 모든 에너지가 서로 조건 된 결과로 나타난 것이다. 나의 몸과 마음 또한 지수화풍(地水火風)의 요소로 구성된 100억조 세포에 합성물인 우주 전체다. 또한 이 세상에 태어난 그 누구도 생로병사(生老病死)의 변화를 거역할 수 없는 인연소생(因緣所生)인 것이다.

이렇듯 불법(緣起)의 진리는 어떤 결정된 숙명론이나 혹은 창조론이 아니다. 인과 연의 조건에 따라 한순간도 멈춤 없이 변하며 고정된 실체가 없다는 것이다.
그래서 나라는 존재도 무상(無常)하고 공(空)하지만 인(因)에 의한 연(緣)을 바꿔갈 수 있는 자유의지 즉 깨달음이 불교의 수행이다.
부처님도 진리를 깨닫고 나서 연기(緣起)의 진리는 부처가 만든 것도 아니고 다른 어떤 누구에 의해서 창조된 것도 아니며 늘 법계(法界)에 상주하는 것이다. 그래서 나는 단지 진리를 발견한 것이다. 나는 이 진리를 깨달아 부처가 되었으며 누구라도 이 진리를 깨달으면 부처가 된다고 했다.

이러한 불교의 진리를 설명하는 방대한 경전과 선불교 선사들의 선어록, 참선방을 넘나들며 내가 누구인가! 이 뭐고? 를 찾아가는 길목에서 만난 간화선(看話禪)의 구도행각은 내가 이 생에서 만난 최고의 선물이었다. 내가 세상에 태어난 존재의 이유와 뭇 이웃과 함께 살아가야할 분명한 명분을 만들어준 참 진리(佛法)를 신수봉행(信受奉行)하는 것이 나의 행복이고 운명이라 생각한다.

세상에서 제일 수지맞는 일이 '공부하다 죽는 것이다'는 혜암스님의 말씀처럼 내 인생을 걸고 도박을 할 만큼 불법이 완전하고 불변한 진리라는 확신으로 늘 지금을 깨어 수행정진하고 있다. 또한 불교대학을 운영하며 참선 공부하는 법우들을 위해 만든 『함께 행복한 자비행선(慈悲行禪) 〈Happy Together Mercy Meditation〉』을 나눔 하고자 노력하고 있다.

　　금년 기해(己亥)년이 납자가 이 세상에 온 61년 째 되는 해다. 또한 1000일 기도 마지막 회향하는 날이 5월 12일 부처님오신 날이다. 천일기도 발원이 '불사 건립을 위한 그림 전시와 시집 출판'이었는데 삼중 큰스님의 인연으로 불심이 돈독한 혜광 심준택거사님을 만나 '대자비사' 불사가 이루어졌다. 시집은 명보 김남원님의 후원으로 발간하게 되었다. 이 모두가 부처님의 가피라 생각하고 감사드린다. 또한 불사에 여러모로 동참해 주신 법우님들과 불자님들, 늘 함께한 신도님들에게도 감사드린다.

　　끝으로 삭발염의하고 구족(具足)수계하게 해 주신 범홍은사스님과 법연에 많은 스님들의 가르침에 감사드린다. 또한 그동안 살아오면서 알게 모르게 많은 뭇 시절인연들에게 입은 은혜와 보살핌에도 감사드린다.

　　그리고 시집에 대한 구체적인 소견은 뒤에 〈달을 가리키는 손가락을 보지 말고 달을 보자!〉에서 시작(詩作)과 함께 설명 드리겠지만 혹여 어쭙잖은 생각과 부족한 점이 있다면 모두가 납자의 허물입니다.

머리를 숙이고 합장하오니 눈 밝은 분들의 경책은 물론 장군죽비를 내려쳐 주시길 앙망하겠습니다.

지금이 늘 좋은 날이 길 기원하면서!

佛紀 2563年 부처님 오신 날
天日祈禱 回向 「문 열면 밝은 세상」
대자비사에서 통융 합장

門 열면 밝은 세상

목차

● 지금 나는 여기에 · 7

見

23 · 序文서문
24 · 강자갈
25 · 때
26 · 그림자
27 · 덫
28 · 대나무
29 · 벼랑 위 솔나무여!
30 · 외도外道
31 · 안개
32 · 장례식
33 · 벗
34 · 길손
35 · 법문
36 · 세월
37 · 석류
38 · 전생前生
39 · 빈산달空山月

40 · 차꽃
41 · 똥파리
42 · 죽비竹雨
43 · 소소영영紹紹靈靈
44 · 늙은 밤老夜
45 · 오월 장미
46 · 화엄장경華嚴場景
47 · 봄달과 목련
48 · 모기에게
49 · 매미에게
50 · 아직 살아 있네
51 · 홍수
52 · 暑서
53 · 가을밤
54 · 見性견성
55 · 사티sati
56 · 나비의 독백
57 · 장작
58 · 雨水우수에 눈보라가 치니 생떽쥐 뻬리의 기다리는 행복이 생각나
59 · 신
60 · 어! 어둠이 화를....

性

63 · 마음 길이 끊어진 곳 心路 斷處
64 · 無我무아 와 空我공아
65 · 슬픔
66 · 숨이 칼이다
67 · 한 소식
68 · 聖職성직
69 · 運운
70 · 이.뭐.꼬
71 · 나도
72 · 喝할
73 · 歸性귀성
74 · 너더러 나더러
75 · 禪食선식
76 · 門 열면 밝은 世上
77 · 오悟! 아我!
78 · 이 세상에 태어나서 가장 수지맞는 일
79 · 이 별에 왔다 가면서
80 · 무비공 無鼻空
81 · 지금 온 세상이 불타고 있는데 그대는 어떻게 살아날 것인가?
82 · 中道중도
83 · 詩

行

- 87 · 다보탑
- 88 · 시를 쓰는 섬진강
- 89 · 壽無殿量
- 90 · 춘풍납자春風衲子
- 91 · 古佛梅고불매
- 92 · 귀거래화歸去來畵
- 93 · 료안지龍安寺
- 94 · 방장方丈
- 95 · 금각사金覺寺
- 96 · 눈먼 황소와 미련한 소
- 97 · 텅
- 98 · 낭산狼山 선덕여왕님께 보내는 편지
- 99 · 삼소굴三笑窟
- 100 · 般若頌반야송

禪

선종禪宗의 무문관無門關

- 105 · 제 1 칙 조주구자(趙州狗子) / 無
- 106 · 제 2 칙 백장야호(百丈野狐) / 여행자여
- 107 · 제 3 칙 구지수지(俱胝竪指) / 손가락을 보지 말고 달을 봐라

108 · 제4칙 호자무수(胡子無鬚) / 만질 수도 볼 수도 없는 마음을 어떻게
         깨끗하게 씻지
109 · 제5칙 향엄상수(香嚴上樹) / 空공
110 · 제6칙 세존염화(世尊拈花) / 봤소 홍매소식
111 · 제7칙 조주세발(趙州洗鉢) / 숟가락
112 · 제8칙 해중조차(奚仲造車) / 연기緣起
113 · 제9칙 대통지승(大通智勝) / 갈대의 빙선冰禪
114 · 제10칙 청세고빈(淸稅孤貧) / 속지마라
115 · 제11칙 주감암주(州勘庵主) / 허공에 도장 찍는 소식
116 · 제12칙 암환주인(巖喚主人) / 허수아비와 참새
117 · 제13칙 덕산탁발(德山托鉢) / 하늘 귀
118 · 제14칙 남전참묘(南泉斬猫) / 한심開心
119 · 제15칙 동산삼돈(洞山三頓) / 3번국도國道
120 · 제16칙 종선칠조(鐘聲七條) / 뎅~~~
121 · 제17칙 국사삼환(國師三喚) / 개의 悟道오도
122 · 제18칙 동산삼근(洞山三斤) / 눈雪
123 · 제19칙 평상시도(平常是道) / 평상심平常心
124 · 제20칙 대역량인(大力量人) / 江의 門
125 · 제21칙 운문시궐(雲門屎橛) / 당신의 똥에는 장미꽃 향내가 납니다
126 · 제22칙 가섭찰간(迦葉刹竿) / 그대가 없는 그대여
127 · 제23칙 불사선악(不思善惡) / 앎
128 · 제24칙 이각어언(離脚語言) / 농촌곡農村曲
129 · 제25칙 삼좌설법(三座說法) / 江
130 · 제26칙 이승권렴(二僧卷簾) / 見知견지
131 · 제27칙 부시심불(不是心佛) / 눈 푸른 납자衲子

132 · 제28칙 구향용담(久響龍潭) / 불경火經
133 · 제29칙 비풍비번(非風非幡) / 팔월 달밤에 감나무 그림자가 흔들린다
134 · 제30칙 즉심즉불(卽心卽佛) / 어!
135 · 제31칙 조주감파(趙州勘婆) / 보소, 이 장꾼들아
136 · 제32칙 외도문불(外道問佛) / 세상에 좋은 말은 채찍의 그림자만 봐도 달리는 것과 같다
137 · 제33칙 비심비불(非心非佛) / 비심비불非心非佛
138 · 제34칙 지부시도(智不是道) / 거짓말
139 · 제35칙 천녀이혼(倩女離魂) / 눈이 눈을 보다
140 · 제36칙 노봉달도(路逢達道) / 오행인五行人
141 · 제37칙 정전백수(庭前柏樹) / 산은 산 물은 물
142 · 제38칙 우과창령(牛過窓櫺) / 윤회輪廻
143 · 제39칙 운문화타(雲門話墮) / 사랑
144 · 제40칙 약도정병(躍倒淨瓶) / 내가 누구인가
145 · 제41칙 달마안심(達磨安心) / 묵언黙言
146 · 제42칙 여자출정(女子出定) / 손가락 하나一指
147 · 제43칙 수산죽비(首山竹篦) / 진리의 말씀
148 · 제44칙 파초주장(芭蕉柱杖) / 할!은 몇 근인가?
149 · 제45칙 타시옥수(他是何誰) / 눈사람
150 · 제46칙 간두진보(竿頭進步) / 하루살이
151 · 제47칙 도솔삼관(兜率三關) / 진실眞
152 · 제48칙 건봉일로(乾峯一路) / 법법

思

막사발의 노래

- 155 · 1. 흙의 역사
- 156 · 2. 불의 노래
- 157 · 3. 사발의 미소
- 158 · 4. 茶차 한잔 들게
- 159 · 門
- 160 · 첨성대는 풍장대이다 風葬臺
- 161 · 부처님 꽃상여 불 질러 놓고
- 162 · 귀명 歸命
- 163 · 봄비, 죽비竹扉를 쳐라
- 164 · 주목 朱木
- 165 · 허공에 쓰는 글 花紋
- 166 · 생불 -다리 여덟 소-
- 167 · 생불18 -독존자태-
- 168 · 개밥그릇
- 169 · 무원 無願
- 170 · 不以佛 불이불
- 171 · 속도가 살생殺生을 한다
- 172 · 달 길
- 173 · 鼻塚 비총
- 174 · 天蓮花 천연화

〈덧말〉
- 179 · 달을 가리키는 손가락을 보지 말고 달을 보자!

見

序文 서문

Ω 옴
時時好好卽
和和開開悟
是是我我也

시 시 호 호 즉
화 화 개 개 오
시 시 아 아 야

시시로 좋은 것은 서로서로 열려진 깨달음이며 시시로 깨어 있는 나.

강자갈

걸망을 풀어놓으면
無字 하나
걸어 나온다.

긴 여행 동안
너는 생각을
참 많이도 갈았구나.

무엇이 그대의 삶인가, 그렇게 애고애고(哀苦愛考) 안고 다닌 마음 하나(一心)에 여여하게 머물면 모두가 無字(부처)같은 삶임을 안다.

때

이리 붉고 달콤한 홍시도 한 때는 푸르고 떫은 시절이 있었겠지.

그림자

너는 평생을 살아도 빛을 보지 못하는 구나!

덫

봄비는

나그네의 발목을

철컥.

대나무

그렇게 아픈 성장통 마디마다가 있어 바르게 클 수 있구나!

벼랑 위 솔나무여!

두려워 할 것 없단다.
벼랑 위 솔 나무여!
폭풍이 아무리 거세도
그대 뿌리인 지구를 날려 버릴 수 없을 테니.

외도 外道

연못에 놀던 개구리 한 마리
풀쩍
담장을 넘어

안개

길을 감추던 안개
내 발자국 소리에 놀라
조금씩 길을 내어놓는다.

장례식

지렁이는 죽어서도

개미 상여꾼과

조문객들이 줄줄이 밥을 따라 나서네.

무엇이 생(生)이며 무엇이 멸(滅)인가! 생사멸(生死滅)은 단지 인연되어진 모습, 변화의 과정을 분별하는 판단일 뿐, 본래의 성품은 공(空)하여 공즉시색 색즉시공 (空即是色 色即是空). 법성원융무이상(法性圓融無二相) 제법부동본래적(諸法不動 本來寂) 일체법의 본성은 원융하여 두 모습이 없는 것이고, 그 법의 본성은 본래 부터 고요하여 움직임이 없다는데.

벗

창문을 두드리네!

날벌레들이 함께 놀자며

등불을 보고

부처님이 열반에 들기 직전에 아난존자가 부처님께 여쭈었다. 세존이 가시면 우리는 누구를 의지하며 수행을 해야 합니까? 그러자 여래가 '법[法]을 본 자는 나[我]를 본 것이며 나[我]를 본 자는 법[法]을 본 것이다. 육신의 내가 없더라도 법[法]을 본 자는 곧 나[我]를 본 것과 다름이 없다'. 즉 '자등명법등명(法燈明 自燈明) 자귀의법귀의(法歸依 自歸依)'라 다른 것에 귀의하지 말고 자신을 의지 처로 삼고, 법을 등불로 삼아 정진하라고 했다.

길손

가고 오는 마음들 그리 만지고도

늘 빈 손

법문

어! 개구리들이 산골 개울에서 개 골 개 골 골 개 개 골!

여름철이 되면 밤 들길을 나서보게. 송나라 때 문장가로 유명한 소동파(1036~1101)가 동림상총(1025~1091)선사를 찾아와 물었다. 제가 일대사 인연을 해결하고자 스님을 찾아왔습니다. 스님께서 이 미혹한 중생을 제도해 주십시오. 거사님은 이제까지 어느 스님을 만나셨습니까? 저는 여러 고을을 전전하며 스님들을 많이 만났지만, 아직도 공부가 되지 못했습니다. 한참 뜸을 들이던 상총이 말했다. 거사님은 어찌 무정(無情) 설법은 들으려 하지 않고, 유정(有情) 설법만을 청하십니까? 이에 소동파가 귀가 먹었다 한다. 저 개구리 소리 소리가 다 법문(法門)이요, 두두물물(頭頭物物)이 다 부처님의 진신(眞身)이건만, 불법 만나기는 백천만겁(百千萬劫)에 어렵다고 하니, 그 무슨 불가사의(不可思議)한 도리인지 좀 알아 볼 일이다.

세월

저 강은 세월이 구부정하네.

석류

세월을 견디다

견디다 터져 나온

떫고 시린 웃음들

전생 前生

손발을 저렇게 싹싹 비는걸 보면

파리는 전생에

죄를 얼마나 많이 지어 길 레.

빈산달 空山月

허 허

혹!
그대는
지금

차꽃

새벽이슬 먹고 별빛을 닮은 소식이라서 저리도 하얀 웃음일까!

똥파리

내 몸에 아직도 구린내가 많이 나는지 자꾸만 달려든다.

죽비 竹雨

토담아래 온종일 면벽좌선面壁坐禪하는 민들레꽃 어긋 조는 나비

후드득 어깨위에 내리치는 비, 선禪잠 깨우는 소리

죽비(竹扉): 대나무로 만든 불구(佛具)의 하나. 죽비자(竹篦子)라고도 하며 주로 절에서 사용하는데 참선이나 불사(佛事)를 행할 때 손바닥에 쳐서 소리를 내어 일의 시작과 끝을 알리는 데 쓰는 것이다.

소소영영 紹紹靈靈

봄비는 마당에 내리는데

방안에 앉은 내 마음이 비에 졌네.

봄에 내리는 비는 봄비라 하고 가을에 내리면 가을비라 하는데 그대 마음에 내리는 비는 무슨 비인가!
원래 없는 마음을 이야기 하려니 거짓말만 늘어놓는다. 없는 것을 있다고 하니 거짓말이 되고 없다고 하니 있는 것에 거짓이 되고.

늙은 밤 老夜

하룻밤 새 내린 무서리에 하얗게 늙어버린 달빛이여

오월 장미

저 장미는

달력을 보지 않고도

오월에 꽃을 피우다니.

화엄장경 華嚴場景

연못이 퉁기는 콘트라베이스 안에 대금소리
연잎이 두드리는 꽹과리
물위 엿장수 가위질
솔 숲 엇박자 추임새의
화음장경 和音場景

할喝,
못 안을 비워내는
길을 가던 늙은 저녁종의
기침소리

여여 如如

봄달과 목련

성큼 담장을 넘어
삼월 보름달이 뛰어들면
놀란 목련꽃 하얀 잠을 깬다.

모기에게

모기야 너는 피가

붉은 사랑이라는 걸 아니.

매미에게

하루 종일 울고 있어도

내가 해 줄 것이 없구나.

가만히 들어주는 것 밖에는

깨달은 자는 행위가 일어나는 것을 말없이 바라보는 침묵의 증인이다. -스리 라마나 마하리쉬

아직 살아 있네

모기가 낚싯대를 내 몸에 드리우는걸 보면

아직 강물이 붉게 흐른다는 거

피를 빠는 모기에게 손보다 마음이 먼저 간다. 배고픈 거야. 아니면 나를 사랑하는 거야. 그래 내 피를 수혈하면 너는 나의 일부가 되는 것이니 또 다른 나이지. 살생을 하려는 손을 거두고 가만히 헌혈을 한다.

홍수

길을 싹둑 잘라먹고도

허기지듯 농막에 돼지 서너 마리까지 훔쳐

달아나고 있네.

2003년 9월에 온 태풍 '매미'가 울고 간 흔적

暑 서

저 달도 더운지 연못 안에서 목욕을 하네.

가을밤

귀뚜라미야!

이 조용한 밤에게

미안하지도 않니.

너는

見性 견성

가을 속에

풍덩!

맘 담궈 봐, 여물어 가는 석류만큼

얼마나 시리고 붉게 익는지.

사티 sati

어!

벽에 걸린 부채도

겨울잠을 자네.

사티(念)은 지금(今) 마음(心)이 되는 것, 일어나는 대상을 보고 알아차림 즉 마음 챙김을 말한다. 알아차림(sati)에는 하나의 대상에 집중하는 사마타(samatha) 지(止)와 대상을 관찰(觀)하여 알아차림인 위빠사나(vipassanā) 두 가지 방법이 있다.

나비의 독백

한 점 먼지 우에서 너, 내 땅!

총칼로 싸우며 서로를 죽이고 있네. 철조망에 앉은 나비가

한 티끌 가운데 온 우주세계를 머금었고, 모든 티끌 각각에도 시방세계가 포함되어 있다.(一微塵中含十方 一切塵中亦如是, 일미진중함시방 일체진중역여시)의상 대사가 화엄경을 요약한 법성게에 한 구절이다. 먼 우주에서 지구를 보면 먼지 하나보다 작은 별빛이다. 그런 먼지 위에서 너 땅 내 땅 경계를 긋고 말뚝을 쳐서 소유의 힘과 지배의 논리로 살생을 하고 자유를 구속하려 한다. 그런데 오가는 바람, 구름 물과 새들을 가둘 수 없듯 그대의 마음은 절대 경계를 긋고 가둘 수 없다는 것을 안다면, 내가 누구인가를....

장작

내 생의 마지막도

저 아궁이 안에

장작처럼 따스함을 주려나...

雨水우수에 눈보라가 치니
생떽쥐 뻬리의 기다리는 행복이 생각나

떨고 있구나.
매화가지 끝에 어린 꽃눈이여!
밤이 아무리 길어도 새벽 없이 아침을 맞을 수 없듯
봄은 기어이 올 테니.

雨水(우수): 24절기 중에 입춘과 경칩 사이로 날씨가 풀리고 봄의 기운이 돋아나는 때. 자연법이든 인연법이든 한 치의 오차가 없다. 다만 늦고 빠름이 있을 뿐,

신

주님의 발아래 묵묵히 오체투지 공양供養하던

저 늙은 수행자는

한 평생 하늘을 모르고 살아도

온전한 神신!

"신은 어디에 계십니까?" 모든 종교의 본질은 동일하다고 말한 인도의 라마 크리슈나(Rama krishna)가 그의 제자에게 받은 질문이다. 그는 "신이 계시지 않는 곳이 있다면 내게 가르쳐주시오. 나는 신이 계시지 않는 곳을 찾아왔는데 아직 찾지 못했소. 지금까지도 신이 안 계신 곳을 찾지 못하고 있소."라고 대답을 했다.

어! 어둠이 화를...

번개가 상처를 내니 저리 고함을 치고 우는걸 보면.

어둠은 어둠으로서는 절대 몰아 낼 수 없다. 오히려 어둠만 더 짖게 만든다. 증오나 원한도 그와 같아서 증오를 증오로 원한을 원한으로 갚는다고 해결되지 않는다. 오히려 증오와 원한은 더욱 골 깊게 이어져만 간다. 불빛이 비추면 어둠은 한 순간에 살아진다. 천년동안 어둡던 동굴도 횃불 하나로 한 찰나에 동굴 전체를 밝히듯이.

性

마음 길이 끊어진 곳 心路 斷處

지금 그대의 주먹을 쥐었다 펼쳐보라

무엇이 주먹을 쥐었다 폈다 하는가?

言語道斷 心行處滅(언어도단 심행처멸) 말의 길이 끊겨서 마음 갈 길을 잃었다.
손 하나에 우주의 진리가 다 들어 있다.
주먹을 쥐었다 펼치는 것 - 연기(緣起).
주먹이 손바닥이 되고 손바닥이 손이 된다 - 공(空).
이것을 손바닥이라 해야 되느냐 주먹이라 해야 되느냐 - 법의 실체(實體).
손이라 해도 손바닥이라 해도 주먹이라 해도 맞지 않다 - 나타냄의 실상(實相).
이 손은 무엇을 하느냐 - 쓰임인 작용(作用)이다.

無我 무아 와 空我 공아

텅 빈 유모차가 꼬부랑 할머니를 끌고 간다.

목이 마르면 물을 마셔라.

무(無)와 공(空)에 대한 이해 부족으로 불교가 허무주의라는 오해와, 불교가 어렵게 느낀다. 無는 有의 반대 개념으로 본래부터 없는 것이다. 空은 고정됨이 없이 변하는 것으로 텅 비어 있어도 모든 것을 가지고 있기도 없기도 하다. 즉 조건이 맞으면 나타났다가 조건이 다하면 사라지는 것이다. 예를 들어 촛불은 본래 있는 것이 아니라 양초와 심지 산소와 성냥불이 있어야 서로간의 인연된 조건작용으로 촛불이 허공에 나타난다. 그리고 인연된 조건이 다하면 살아진다. 모든 만물은 이러한 인연된 연기의 법칙으로 찰나찰나 변하기 때문에 뚜렷이 고정된 실체가 없다. 그래서 오온(五蘊)의 무더기로 되어있는 '나'를 '나'라고 할 만한 것이 없다는 말은 맞지만 내가 없다고 하면 어불성설이 된다. 그래서 내가 없는 무아(無我)라는 말은 맞지 않고 내가 공아(空我)라고 해야 한다. 나는 지금 이렇게 글을 보고 쓰고 느끼고 생각하고 있고 지금도 고정됨이 없이 생로병사의 과정을 겪고 있는 실상이 있는데 '무아'라고 하니까 고개를 갸우뚱 한다.

슬픔

한 번이라도 웃어 본적이 있니 너는!

슬픔도 즐거운 슬픔으로 웃어보라!
화를 내는 것은 시뻘건 숯불과 똥덩어리를 손에 쥐고 던지려는 것과 같다. 누가 먼저 그 화를 입겠는가? 가장먼저 자신이 화를 당한다. 화는 모든 불행의 근원이다. 화를 안고 사는 것은 독을 품고 사는 것과 마찬가지다. 화는 나와 타인과의 관계를 고통스럽게 하며, 인생의 많은 문을 닫히게 한다. 따라서 화를 다스릴 때 우리는 미움, 시기, 절망과 같은 감정에서 자유로워지며, 타인과의 사이에 얽혀있는 모든 매듭을 풀고 진정한 행복을 얻을 수 있다. -틱낫한 스님

숨이 칼이다

숨 한 번에 생사生死를 자르는 검活人劍이고 칼殺人劍인걸 보면

———

근대 한국 선(禪)의 중조로 불리는 경허(鏡虛, 1849~1912)스님의 제자인 혜월(慧月, 1861~1937)스님이 선암사에 계실 때의 일화다. 스님은 대중법회 때 마다 "나에게는 사람을 살리는 활인검(活人劍)과 사람을 죽이는 사인검(死人劍)인 두 자루의 명검이 있다"고 했다. 스님이 가지고 계신다는 두 자루의 명검은 어느 누구에게도 실제로 보여주지 않고 신비의 베일 속에 쌓여 있었다. 천하 명검에 대한 소문은 신도들의 입을 통해 널리 퍼져 나갔다. 마침 경상도에 부임한 일본인 헌병대장이 이 명검에 대한 소문을 듣고 사람을 죽이고 살리는 명검이 있다는 것은 처음 들어보는 소리라 그 명검을 확인하기 위해 선암사로 올라갔다. 혜월스님을 직접만난 헌병대장은 적잖이 실망했다. 명검을 지닌 선사라면 풍모가 그럴듯하리라고 상상했었는데 선사의 모습은 너무나 온순한 노승에 불과했다. 헌병대장은 실망감을 감추고 물었다. "스님께서 활인검, 살인검을 가지고 계신다기에 그걸 구경하러 왔습니다." "그러신가. 그럼 보여줄 테니 나를 따라 오시게." 혜월스님은 섬돌 축대위로 성큼 올라섰다. 헌병대장도 스님의 뒤를 따라 섬돌 축대 위로 올라갔다. 그 순간, 스님이 돌아서더니 느닷없이 헌병대장의 뺨을 후려쳤다. 헌병대장은 순식간에 축대 밑으로 굴러 떨어졌다. 당황하는 그를 스님이 한 손을 내밀어 일으켜 세우며 말했다. "방금 전 당신의 뺨을 때린 손이 죽이는 칼이요, 지금 당신을 일으켜 세우는 손은 살리는 칼이오."

한 소식

밥을 먹다

흰 쌀밥 위에 꿈틀거리는 한 소식

나도 큰 쌀벌레

옛 시절에 가끔 밥을 먹다 보면 쌀벌레가 나온다. 그러면 속이 이상하고 숟가락을 놓고 밥을 먹지 않던 기억이 난다. 요즘은 찾아보기 쉽지 않는 일인데 오늘 아침 밥 한술 위에 쌀벌레를 친견했다. 한 참을 노려보다가 더럽다. 불결하다. 징그럽다. 등등 일어나야할 마음이 일어나지 않는다. 그러면서 문 듯 이 부처는 쌀을 먹은 벌레 나는 법을 먹는 벌레 무엇이 다른가! 일체(一切) 연기(緣起)성의 제법무아(諸法無我)니 한 술 밥 위에 부처를 떠서 입안에 넣고 가만히 씹어본다.

聖職 성직

기도하고 빌어서 먹는 자들이여

재단위에 쌓인 우상에게 무릎을 꿇고 있지 않는가.

하심과 감사는 다른 것이다. 감사는 주체와 객체가 있다면 하심은 주체를 없애는 생각이다. 진정 자유인은 그냥 행인 것이지 바라봄이 없다. 하심과 감사는 다른 것이다. 감사는 주체와 객체가 있다면 하심은 주체를 없애는 생각이다. 진정 자유인은 그냥 행인 것이지 바라봄이 없다.

運 운

이 별에 왔다 가면서
참! 고맙구나.
사지 멀쩡한 그릇하나 빌려 쓰고 가서.

이.뭐.꼬

백양사 사문 앞에 이르니 돌에 새겨진 '이뭐꼬,'
턱! 가슴에 걸어와 앉는 그놈
부모 미생전에 본래면목이라고
몇 겁생 풀풀 육도를 오가며 걸어온 송장을 내 몸이라고
일러라 일러라!
살아서 펄떡이는 멱살을 잡고 업어치기 한 판수를 걸어보지만
한 여름 밤의 소낙비 같은 꿈,
골똘하게 참구하라는 퍼포먼스 같은 그놈을
바랑에 넣고 몇 겨울을 삭혔는데

점심 공양을 가는데
늙은 스님 햇볕에 기대앉아 양파 껍질 벗기고 있어
스님께 '이뭐꼬,' 하니 지금 양파 다듬고 있지,
양파는 껍질 벗겨도 또 껍질 양파는 어디에 있습니까,
스님 주먹을 쥐고 내 얼굴에 들이대며 이거나 처먹어 하기에
허물虛物을 입안에 넣고 콱 깨무니
스님 아야! 아야! 하더라.

나도

" I am…"

―――
나는 입니다. 꽃입니다. 하늘입니다. 새입니다. 당신입니다. 그래서 나는 우주입니다.

喝 할

아침에 일어나 뭘 먹을까 생각하다 한 나절이 가고
하루 종일 뭘 할까 주저하다 일 년이 가는데
어! 저 늙은 파초는 푸르게 웃네.

―――

할(喝)- 당나라 시대 임제(?~867) 의현이 학인들을 맞이하여 그들의 공부를 점검할 때 큰 소리를 내지르는 '할(喝)'을 많이 쓰고 덕산(780~865) 스님은 주장자로 후려치는 '방(棒)'을 많이 사용하였다. 이 유명한 임제의 '할'과 덕산의 '방'을 〈벽암록〉에서 "덕산 스님이 사정없이 내려치는 주장자의 모습은 마치 소나기 빗방울 쏟아지듯 하고, 임제 스님의 고함소리인 '할'은 천둥이나 벼락 치듯 한다"라고 표현하고 있다.

歸性 귀성

돌아 갈 수 있는

곳이 있어

내 얼마나 좋은가.

너더러 나더러

春風遊嬉
明月孤獨
靑山疑惑
萬法寂滅
諸法啷啷

춘충유희
명월고독
청산유희
만법적멸
제법랑랑

너더러 춘풍이 놀자 하더냐, 나더러 명월이 외롭다 하더냐, 너더러 청산이 뭐라 하더냐, 나더러 만법은 고요한데 핑경 소리만 딸랑딸랑. 눈 막고 귀 막고 입 닫고 그놈의 도적놈 멱살 잡고 일러라,

禪食 선식

발우에 햇살 하나 담고

산바람 하나

물소리 산새 소리까지 담아

아침 공양을 드네.

발우(鉢盂): 스님들이 음식을 담는 그릇
공양을 올리는 손길과 발우 속에 담겨진 인연과 하나 되는 우리를 기억하는가. 감사하라! 흙을 살리는 농부의 땀방울과 식솔을 먹여 살리는 아비의 손길을 기억하며. 쌀 한 톨 나물 하나에도 온 우주가, 산 빛과 새들 어우러진 바람과 별빛에 반짝이는 계곡물의 웃음까지 들리지 않는가, 사랑하라! 발우 안에서 온전히 함께 어우러져 노래하고 춤추는 그 소식의 기억들을, 그리고 존경하라! 법계(法界)의 우주심(宇宙心)이 내 안에 가득한 불성(佛性)이고 그 깨달음에 자명등(自明燈)을 밝히게 한 바리때의 소식이 배고픔을 채워주는 밥임을..

門 열면 밝은 世上

말에 속는 거다.

마음은 본래 문 없는 문
내가 만든 문에 턱 걸려
있다. 없다. 이다. 아니다.
그래서 전부가 문 이고 문 아닌 것
오직 지금 살아있는
온 세상이
문!

大道無門 千差有路 透得此關 乾坤獨步 〈대도무문 천차유로 투득차관 건곤독보〉 큰 길에는 문이 없다. 그렇지만 길은 또한 어디에나 있다. 이 관문을 뚫고 나가면 온 천하를 당당히 걸으리라.

오悟! 아我!

아! 그렇지요, 그렇지
오! 그래요, 그래

오직 '일 뿐!'이며 '할 뿐!'인 상태 즉 지금 내가 깨달아 있는 상태 즉 깨어 있는 상태가 깨달을 '悟오' 이다. '아'는 나아 '我'자로 늘 내가 주인공이라는 뜻이다. 즉 내가 누구인가를 바로 앎이라는 것이다. 그 '나'인 주인공은 법의 본체(體)이며 진리(眞理)이다. 그 진리를 바로 씀(用)이 '나'인 것이다. 천상천하 유아독존인 '나'가 한 마음의 당체인 '나'인 것이다. 나가 우주이고 법계이고 진리이다. 나가 하나님이고 부처님이고 예수고 보살이다.

이 세상에 태어나서 가장 수지맞는 일

숨 잘 쉬는 일

이 별에 왔다 가면서

참! 고맙다.
사지 멀쩡한 그릇하나 빌려 쓰고
덤으로 흐르는 강물에 돌 하나 던지고 갈 수 있으니
어찌,

무비공 無鼻空

콧구멍 없는 소가 걸어와

나귀와 말을 밟고 경허의 코에 고삐를 꿰었다.

경허(鏡虛, 1849~1912)는 한국 근현대 불교를 개창한 대선사, 속명은 동욱(東旭)이다. 법호는 경허(鏡虛), 법명은 성우(惺牛)이다. 경허는 연암산 천장암에서 확철대오 제자로 '삼월(三月)'로 불리는 수월스님과 혜월스님과 만공스님이 있다. 말년에는 서당의 훈장이 되어 아이들을 가르치다가, 함경도 갑산(甲山) 웅이방(熊耳坊) 도하동(道下洞)에서 입적 저서에는 《경허집》이 있다.
無鼻孔(무비공) 콧구멍이 없는 소, 홀문인어무비공(忽聞人語無鼻孔) 홀연히 콧구멍 없다는 말을 듣고, 돈각삼천시아가(吨覺三天示我家) 비로소 삼천대천 세계가 내 집임을 깨달았네, 유월연암하산로(有月淵岩山下路) 유월 연암산 아랫길에서 야인무사태평가(野人無事太平歌) 나 일없이 태평가를 부르노라. 나귀의 일이 끝나기 전에 말의 일이 생기나니.... 불법의 큰 뜻이라 어디에서 찾아볼까? 이 화두는 경허[鏡虛]선사가 생명을 건 참선을 시작하여 코 구멍 없는 소를 만나 대자유를 얻었던 유명한 화두이다.

지금 온 세상이 불타고 있는데
그대는 어떻게 살아날 것인가?

?

설사가 나면 어찌할 것인가? 화장실로 달려가 똥을 싸면 으-이 시원 해...
1,허공에 높이 뜬 해가 온 세상에 비치는데, 2,구름은 왜 빛을 가리는가? 사람마다 그림자가 한 치도 떨어지지 않는데 그림자를 어떻게 안 밟을 수 있는가? 3,온 세상이 불에 타는데, 어떤 삼매에 들어야 불에 타지 않을 수 있는가? 고봉선사의 3관문이다. 세계4대 생불로 불리던 숭산스님(崇山行願, 1927~2004)은 전 세계 30여 개국에 120여 개의 선원을 만들어 한국 선불교를 널리 알리고 계룡산 국제선원 무상사가 대표적인 참선 수행 도량이다. 선사는 "구할 것도 없고, 얻을 것도 없다(無所求, 無所得)며 오직 모를 뿐! 이 해, 달, 별, 산, 물..... 모든 것은 완전하다. 한 마음이 나타나면 큰 실수를 한다. 한 마음이 사라지면 보고 듣는 것이 진리가 된다. 아무 것도 만들지 말고, 보고 듣고 행할 뿐"이라고 했다.

中道 중도

누가 묻기를 둘이 아닌 것이 무엇입니까?
하늘과 땅이 둘이 아닙니다.
선과 악이 둘이 아닙니다.
말하거나 말하지 않거나 둘이 아닙니다.
존자여! 그대는 무엇이 둘이 아닌가?
침묵하고 앉아다.

탕!

진리는 말을 하는 순간 그르치듯 말을 하면 벌써 두개를 만드는 것이다. 성경에서는 "침묵하라, 그러면 내가 신임을 알게 된다."(Be still, and know that I am God)라고 말한다. 그래서 예수는 '나는 길이요 진리요 생명이다" 라 했다. 이 뜻이 무엇인가?, 말로 설명이 필요 없다. 바로 나타내 보여라.

詩

허공에 못을 박을 줄 아시오!

쩡! 쩡! 망치 소리가 들리게.

숨 쉬는 그리움을 불러 모으면 벌떡 벌떡 일어나 그대 눈과 귀로 걸어 들어가 마음을 활보하는 것,
그리고 영혼의 정수리에 턱 비수를 꽂아 버리는 것, 그 피가 분수처럼 솟으며 本性(본성)을 적시는 것.

行

다보탑

빛
이
도공이네
어둠을 깎고 문질러
세 운
여如來래

경주 불국사에 대웅전 앞에 있는 탑.
이 세상은 본래가 대방광불 화엄의 장엄한 세상이다. 온 세상이 천백억화신인 여래의 출현이며 묘법연화의 모두가 부처님이다. 어둠의 무명에서 광명의 밝음으로 세상이 모습을 드러냄이 천지창조이다. 문수보현의 화현으로 다보여래 천수천안 관세음보살로 나투는 것이다. 여래가 걸림이 없는 청정한 지혜의 눈으로 온 법계의 모든 사람들을 두루 살피시고 이런 말씀을 하셨다. "신기하고 신기하여라. 이 모든 사람들이 여래의 지혜를 다 갖추고 있구나. 그런데 어리석고 미혹하여 그 사실을 알지 못하고 보지 못하는구나." -화엄경 여래출현품-

시를 쓰는 섬진강

투명한 원고지 위에 쓰는
은어 산 구름 햇살 왜가리 !느낌표 하고 @골뱅이 쩜.

無量
壽殿

달빛바다 출렁이는 봉황산 아래
무량 9품 연화의 뜬 돌
삼계를 오가며 1천5백 세월을 향해 해 온
배 한 척

무량수전(無量壽殿)은 영주 봉황산 자락 부석사에 있는 국보 제18호 목조 건축물로 안동 봉정사 극락전과 함께 국내에서 가장 오래된 건물이다. 신라 의상대사가 창건한 부석사는 선묘낭자와의 설화와 돌이 뜬 바위 위에다가 절을 세웠다 해서 부석사라고 전해지고 있다.

춘풍납자 春風衲子

동안거 내내 산골 포행 하던 춘풍납자
삼소굴三笑窟 담장을 넘어와
이 뭐꼬?

뜰앞 늙은 매나무는 전생꽃 들어 보이고
추녀에 매달린 풍탁은 피식피식 웃네.

선방에 앉아 골똘하던 까까중 눈썹위로 떨어지는
無 ! 無

衲子(납자)- 누더기라는 뜻. 도를 닦는 이는 옷을 검소하게 입는데서 온 말로 납승(衲僧). 납의(衲衣)를 입은 승려라는 뜻. 특히 선종에서 씀.
풍탁- 처마 밑에 달린 종인 핑경으로 바람에 의해서 소리가 난다고 풍탁이라고 한다.

古佛梅 고불매

매화나무가 아무리 늙었다고 늙은 꽃을 피워내지는 않는다네.

고불매 - 장성 백암산 고불총림 백양사(白巖山 古佛叢林 白羊寺)에 있는 매화나무 이름이다. 천연기념물 제486호로 지정되어 있고 수령 350년의 늙은 매화나무다. 연분홍빛 홍매로 매월 3월말에서 4월초가 되면 풍성한 꽃으로 경내를 온통 매향으로 채운다.

귀거래화 歸去來畵

獨坐山房禪墨畵
門外春雪紛紛也
庭前梅畵開無心
靈鷲山坐通首座
山腰一劃飛來雁
此畵紙坐喫茶去.

독 좌 산 방 선 묵 화
문 외 춘 설 분 분 야
정 전 매 화 개 무 심
영 취 산 좌 통 수 좌
산 요 일 획 비 래 거
차 화 지 좌 끽 다 거.

산방에 홀로앉아 붓 들어 할!을 찍는데, 창밖에 춘설이 분분하고, 문 밖에 매화는 무심히 꽃을 여니,
먼 영취산은 절구통 수좌로 앉아있네, 산허리 일획으로 자르며 날아오는 기러기, 여기 펼쳐놓은 화폭에 나려 앉아 차나 한 잔 하시게!

료안지 龍安寺

쉿, 석정石庭이여!

나타남과 멈춤의 선정이 悉知悉見이다.
일본 료안지- 교토 시[京都市] 우쿄구[右京區]에 있는 임제종 묘신사[妙心寺]의 신사 뜰은 토담으로 둘러싸인 흰 모래 정원(石庭)은 풀 한 포기, 나무 한 그루 사용하지 않고 15개의 암석을 5곳에 나누어 배치한 가레산스이[枯山水] 정원으로 유명하다.

방장 方丈

칼劍이 허공을 자르는가

갈喝!은 마음을 자른다네.

일본 최고의 선원인 료안지(龍安寺)에서 마음을 멈추게 한다.

금각사 金覺寺

늙은 연못에 金覺寺금각사가 풍덩!

―
일본 교토 시 기타 구에 있는 사찰로 금으로 만든 금각사와 연못정원연 정원이 유명하다.

눈먼 황소와 미련한 소

산길을 올라 비로암자에 가
스님께 공손히 합장을 하고 웃어 보이는데
스님 "무슨 일이요."
스님 말씀 좀 듣고 싶어서요.
퇴수그릇을 다 씻고 방으로 들어가며
"지금 중요한 손님들이 오니까.
다음에 와"
중요한 손님이?
내려오는 산길이 어찌나.
눈먼 황소가 절집에서 여물만 축내고 있구나.
가만히 있어보자
그 중생들 덕분에 아직도
뉘가 뉘에게 話頭화두를 놓는가.
이런, 미련한 소.

텅

길에서 만난 마음 하나씩
주워 담아 무겁더니만
희양산 아래 서니
큰 산 하나로 텅 비어버리네.

낭산狼山 선덕여왕님께 보내는 편지

이 가을밤
랑산에서 귀뚜라미 소리와
달빛 만지는 일
얼마나 고마운 일인지요.
선덕여래님!

신라 27대 선덕여왕이 죽거든 부처의 나라인 도리천에 묻어 달라고 하였으나 신하들이 이해를 못하자 여왕이 직접 도리천이 신들이 노니는 신유림(神遊林)인 낭산(狼山) 정상이라 알려주었다. 문무왕이 삼국통일을 한 후 낭산에 사천왕사를 지었고, 낭산의 정상이 도리천이라 한 여왕의 뜻을 알게 되었다고 전해진다. 랑산은 경주 동남쪽에 위치한 작은 산으로 정상에 선덕여왕릉이 있다.

삼소굴 三笑窟

큰 산 밑에
큰마음 놀다 가다나
달빛에 그림자 없어도
三笑窟 앞 늙은 매화나무에
봄빛은 여전히
붉게 할喝!
타오르네.

三笑窟(삼소굴): 양산 통도사 극락암에 경봉 큰스님이 기거하던 곳.

般若頌 반야송

去來以不騷
花落也起別
開花也消息
窓外鵲鳴意
覺 覺 喝!

거 래 이 불 소
락 화 야 기 별
개 화 야 소 식
창 외 작 명 의
각 각 갈!

간다고 온다고 떠들지 마라. 꽃 떨어지는 기별인가하면 꽃피는 소식이듯, 창밖에 까치가 무슨 소식 전하는가. 까까 까악!

禪

禪

선종(禪宗)의 무문관〈無門關〉

불교는 깨달음의 종교이듯 깨달음을 얻기 위해서는 방법과 수단이 필요하다. 초기 남방 불교는 사마타와 위빠사나 수행이 주축이라면 북방 대승불교는 선불교禪宗의 간화선看話禪 수행이다. 간화선은 공안公案인 화두話頭를 참구하여 몰록 깨달아가는 수행 방법이다.

공안公案이란 공문서와 같은 수행 나침판이라고 볼 수 있으며 많은 선어록禪語錄에는 옛 조사들의 공안 1700여 가지의 화두話頭가 있다. 그 중에서 핵심적인 공안 48칙(公案 48則)을 뽑아 중국 남송南宋 때 무문혜개(無門慧開 1183~1260年)선사가 직접 염제拈提, 평창評唱과 송頌을 덧붙여 만든 책이 무문관無門關이다.

소승이 참선 수행 중에 공안들을 참구하면서 그동안 적어왔던 생각들과 무문관 48칙에 기웃거린 글귀들을 모아봤다. 이미 무문선사의 일구가 전체현전全體現前인데 뭘 또 말을 시끄럽게 하는가 하면…

무문관의 원문에서 평창은 빼고 짧고 명료한 시 구절인 송訟만 실었다. 원문 번역은 국내외에서 출판된 많은 「무문관」의 해석을 그대로 인용하고 참고했음을 밝힌다.

또한 〈덧말〉은 뱀에 발을 그리는 사족四足인 줄 알지만 납자가 공안을 참구하면서 읽혀진 생각들을 모아봤다. 아직은 미숙한 눈높이를 납자 스스로 더 잘 안다. 하지만 이러한 무모함이 공부하는데 하나의 죽비로 생각하여 용기를 낸 것이다. 그리고 선방에서 혹은 선사들과 독참을 하고 화두점검을 받으면서 느낀 점도 적어 봤다.

더러는 지나가버린 옛 조사들의 언구言句나 뒤적이며 그것에 집착하고 있다고 지적하는 분들도 있다. 그런 분들은 지금 깨어 있다는 말을 완벽하게 이해 못하고 단 지 언어적인 이해 즉 생각으로 지금과 과거를 나누며 분별하기 때문에 그런 말을 한다. 깨닫지 못한 생각으로 깨달은 후의 마음은 절대 볼 수 없다.

선종의 공안은 비록 옛 조사들의 말이지만 지금 내가 그 선문답을 하고 있기 때문에 늘 현재 진행형이다. 질문하고 답하는 자체가 지금 성성하게 살아 있고 살아 있어야만 그 문처聞處의 핵심을 바로 꿰뚫어 확철히 깨달아 답(悉知悉見)할 수 있기 때문이다.
선禪, 즉 불법佛法은 지극히 지금을 100% 완벽하게 살아있는 것이기 때문이다.

無

無

〈무문관 제1칙〉 조주구자(趙州狗子), 趙州和尚, 因僧問, 狗子還有佛性也無. 州云, 無. 조주화상께 한 승려가 물었다. 개에게도 불성(佛性)이 있습니까? 조주가 말한다. 무(無)!

〈무문송〉 狗子佛性, 全提正令. 纔涉有無, 喪身失命. 개의 불성을 묻는데 전체(無)가 분명하게 드러냈도다. 조금이라도 '있다·없다'에 걸리면 몸이 상하고 목숨을 잃으리라.

〈덧말〉 無는 無일뿐! 그이상도 이하도 아니네. 無가 無로 그대로 살아서 번뜩이고 있는데 왜 없다고 하는가. 오직 보면 볼 분 들으면 들을 뿐. 말과 글의 뜻에 속지 말고 글의 뜻을 쫓아 이리저리 머리 굴리지 마라. 숭산선사는 성스러운 것보다 침묵이 낫다. 그러므로 입을 여는 것은 큰 허물이다. 그러나 그 허물로 중생을 구하면 그것이 바로 선(禪)이다. 어느 날 만공스님께 조주선사의 '무'가 무엇입니까? 하니 "아주 쉽다. 뒷 안에 가면 밭에 무우가 많다. 그것을 가서 보아라."고 했다.

여행자여

멈춤을 찾아 떠나는 자여
그대가 지금을 알아차리는 순간이 멈춤이니
어디를 또 여행하시려 하는가

〈무문관 제2칙〉 백장야호(百丈野狐) 백장 화상이 설법할 때마다, 어떤 노인이 항상 대중들 속에서 법문을 듣곤 했다. 하루는 백장이 그 노인에게 누구냐고 물으니 노인이 저는 사람이 아닙니다. 과거 가섭불 시대에 이 산에 승으로 있을 때 어떤 학인이 크게 수행을 한 사람도 인과에 떨어집니까?라는 질문에 '인과에 떨어지지 않는다(不落因果)'라고 대답했다가 5백 생을 여우 몸이 되었습니다. 이제 화상께 청하건대, 한 마디 말씀을 해주시어, 여우 몸을 벗어나게 해주십시오. 백장이 노인에게 학인이 묻는 것처럼 다시 물으라고 하니 노인이 '크게 수행한 사람도 또한 인과에 떨어집니까?' 스님이 말했다. '인과에 어둡지 않느니라(不昧因果)'. 노인은 그 말에 크게 깨닫고, 절을 하며 이미 저는 여우 몸을 벗고, 산 뒤쪽 동굴에 있으니, 송구스럽지만 화상께서, 죽은 승려의 사례에 따라 처리해 주시기 바랍니다... 이하 생략

〈무문송〉 不落不昧, 兩采一賽. 不昧不落, 千錯萬錯. 떨어지지 않고 억매이지 않아도, 한 주사위에 두 가지 무늬요. 어둡지도 않고 떨어지지 않아도, 천 번 틀리고 만 번 어긋난다.

〈덧말〉 인과를 벗어날 수 있는 것은 이 세상에 존재하지 않는다. 모든 것은 조건에 따라 결과를 얻는 것이 인과법이다. 무엇으로 '벗어난다. 억매 인다.' 고 생각만 내려놓으면 산은 푸르고 강물은 흐른다. 어디에 억매여서 있다 없다 하느냐? 한 마디 한 마디 어긋나지 않았다면 도대체 무엇이 되었을까. 예, 예 감사합니다. 법은 오직 지금 여기서 작용하는 것일 뿐. 어디서 과거에 노인이 있어 무엇이 되고 마고 하느냐. 지금 이 자리에서 일러보라. 햇살이 비치면 방안이 밝다. 이 몸뚱이는 지금 소식에 울고 웃는구나.

손가락을 보지 말고 달을 봐

호수에 비친 달을 보고 건지려는 원숭이가 킬! 킬!

〈무문관 제3칙〉 구지수지(俱胝竪指) 俱胝和尚, 凡有詰問, 唯舉一指. 後有童子, 因外人問, 和尚說何法要, 童子亦豎指頭. 胝聞, 遂以刃斷其指, 童子負痛號哭而去, 胝復召之. 童子迴首, 胝卻豎起指. 童子忽然領悟. 胝將順世, 謂眾曰, 吾得天龍一指頭禪, 一生受用不盡, 言訖示滅. 구지 화상은, 누가 무엇을 물을 때마다, 오직 손가락 하나만 들어보였다. 뒤에 시중드는 동자에게 한 객이 와서 화상께서는 어떤 법을 설하시느냐? 라고 묻자, 동자 역시 손가락을 세워 보였다. 구지가 이를 듣고 급기야 칼로 동자의 손가락을 잘라버리니, 동자가 아파서 울며 달아나는데, 구지가 그를 불렀다. 동자가 돌아보자 다시 구지가 손가락을 세워 보였다. 동자는 홀연히 깨달았다. 구지가 세상을 떠날 때가 되어서 대중에게 말했다. 내가 얻은 천룡의 한 손가락 선을, 일생을 쓰고도 다 쓰지 못했다. 말을 마치고는 바로 입적했다.

〈무문頌〉 俱胝鈍置老天龍, 利刃單提勘小童. 巨靈抬手無多子, 分破華山千萬重. 구지는 늙은 천룡을 바보 취급하고, 날카로운 칼로 동자를 점검하였네. 거령신이 아무렇지 않게 손을 들어, 쪼개버린 화산이 천만 중.

〈덧말〉 손가락이 우주이다. 거울 앞에 서서 한 손가락을 들어 봐라. 거울은 한 치의 오차도 없이 그대로 실상의 손가락을 들어 보인다. 거울아 거울아 너는 누구니, 거울이 말한다. 나는 보면 본데로 나타낼 뿐, 더하지도 빼지도 않는 언어 이전의 진리 법이다. 손가락 흉내를 내다가 손가락이 잘린 동자가 아야아야! 아파서 펄쩍펄쩍 뛰면서 난리를 치는데... 만약 그대가 손가락을 들고 흉내 내다가 잘리면 어떻게 할레. 그대 손가락은 어디로 갔나 하늘나라로 갔나, 땅 속으로 숨었나, 그래도 손이 잘리면 아프다 그것에는 어떤 것도 더할 수도 뺄 수도 없다. 손가락은 손가락이 뿐, 산은 산이고 물은 물이다. 문밖에 소나무를 봐라. 소나무는 그냥 서서 나타낼 뿐, 왜 소나무라는 말에 속지 말라.

만질 수도 볼 수도 없는 마음을 어떻게 깨끗하게 씻지

어!

하마터면 속을 뻔 했네.

〈무문관 제4칙〉 호자무수(胡子無鬚) 或庵曰, 西天胡子, 因甚無鬚. 혹암이 말했다. 서천(西天)의 달마(胡子)는 왜 수염이 없는가?

〈무문송〉 癡人面前, 不可說夢. 胡子無鬚, 惺惺添懵. 어리석은 사람 앞에서, 꿈 이야기를 하지 말라. 달마가 수염이 없다는 말, 분명하고 분명한 것을 애매하게 만드네.

〈덧말〉 웃기지 마라, 어째서 있는 것을 없다고 하느냐. 수염이 바람에 흩날리는 모습을 보고도 왜 수염이 없다고 하느냐. 속지마라, 말과 뜻에 걸려 넘어지면 천년을 기다려도 일어나지 못한다. 싱그러운 7월 녹음을 보고 왜 붉다고 하냐고. 삼삼은 구고 구구는 팔십일이다. 7월 녹음은 푸르고 10월 단풍이 붉다. 나는 이 공안을 계룡산 무상사 국제선원에서 골똘하다가 새벽 예불을 하러 밖을 나와 하늘에 총총한 별을 보다가 몰록 '어 그렇지!' 왜 수염이 없다고 하지... 온 몸이 새 털처럼 가벼웠다.

空 공

붉은 목단 꽃이
한 나절 피었다
툭!

〈무문관 제5칙〉 향엄상수(香嚴上樹) 香嚴和尙云, 如人上樹, 口啣樹枝, 手不攀枝, 腳不踏樹, 樹下有人, 問西來意. 不對即違他所問, 若對又喪身失命, 正恁麼時, 作麼生對. 향엄 화상이 말했다. 만약 그대가 나무에 올라가서, 입으로 나뭇가지를 물고, 손도 가지를 잡지 않고, 발로도 나무를 밟지 않고 있는데, 나무 아래서 어떤 사람이 조사께서 서쪽에서 오신 뜻을 묻는다면, 대답하지 않으면 그가 묻는 것에 어긋나고, 만약 대답한다면 목숨을 잃을 것이니, 바로 이러한 때에, 어떻게 대답할 것인가?

〈무문頌〉 香嚴眞杜撰, 惡毒無盡限. 啞卻衲僧口, 通身併鬼眼. 향엄은 참으로 터무니없고, 악독하기가 이를 데 없네. 납승의 입을 틀어막고, 몸통에 귀신 눈 아우르게 만든다.

〈덧말〉 아이고 힘 든다. 나무에 매달려 있기가. 몇 초나 버티고 살겠나. 아이고, 아이고 지금 바로 떨어져 죽어라. 어린아이가 배가 고프면 그냥 운다. 왜 그러겠는가, 살려고 발버둥 치는 것이다. 그게 사는 길이다. 살아나면 무슨 말이 더 필요하십니까? 하하 은산철벽 백척간두는 그대 생각이니 생각에 목을 메면 영원히 살길 없다. 숨 쉬고 살아있는 지금 당장 한 발을 내 디뎌라. 이 공안도 1년은 남짓 끙끙거렸다. 수 백 번 선원에서 조실스님에게 총을 맞아 죽었다가 살아났다.

봤소 홍매소식

매화나무 어깨위로
봄 햇살이 내리치는 죽비
한 마디 일러라,
허공꽃을 펼칩니다.
붉은 파문이 번지는 소식
봤소! 지금

〈무문관 제6칙〉 세존념화(世尊拈花) 世尊昔在靈山會上, 拈花示眾. 是時眾皆默然. 惟迦葉尊者, 破顏微笑. 世尊云, 吾有正法眼藏, 涅槃妙心, 實相無相, 微妙法門, 不立文字, 教外別傳, 付囑摩訶迦葉. 세존이 영산회상에서, 꽃을 들어 대중에게 보이셨다. 그때 대중들은 모두 침묵하고 있었다. 오직 가섭 존자만, 빙그레 미소 지었다. 세존이 말씀하셨다. 내게 정법안장, 열반묘심, 실상무상, 미묘한 법문, 불입문자, 교외별전을, 마하가섭에게 부촉하노라.

〈무문송〉 拈起花來, 尾巴已露. 迦葉破顏, 人天罔措. 꽃을 들어 올렸을 때, 이미 끝이 드러났도다. 가섭은 미소 짓는데, 인천이 어쩔 줄 모르네.

〈덧말〉 꽃 한 송이가 달을 가리키는 손가락이네. 달은 휘영청 밝아 곳 간데없이 두루 한데 어찌 달을 보지 않고 손을 보려 하는가. 부처가 꽃든 소식도 가섭이 웃는 소식도 그렇지. 부처가 꽃 한 송이 들면 나도 꽃을 들고, 가섭이 웃으면 나도 웃는다. 오가는 것이 없는데 무엇을 주고받는가! 부처도 정법안장도 가섭도 두루 하여 밝은데 어디에 무엇이 있다고 전하느니 마느니 하겠는가? 가섭은 그 한 소식을 알았으니 어찌 기쁘지 않을까? 그렇다고 허공 꽃인 정법안장을 주고받을 수 있다고 안다면 가섭도 세존도 죽이는 것이라네. 그래서 지금 내가 빙그레 웃을 뿐!

숟가락

어쩌나
내가 떠나면
혼자서 밥을 뜰 수 없으니.

〈무문관 제7칙〉 조주세발(趙州洗鉢) 趙州因僧問, 某甲乍入叢林, 乞師指示. 州云, 喫粥了也未. 僧云, 喫粥了也. 州云, 洗缽盂去. 其僧有省. 조주에게 어떤 승려가 물었다. 저는 이제 총림에 들어 왔으니 스님의 지시를 바랍니다. 조주가 말했다. 죽은 먹었느냐? 승려가 말했다. 죽을 먹었습니다. 조주가 말했다. 그러면 발우나 씻어라. 그 승려는 문득 알아차렸다.

〈무문頌〉 只爲分明極, 翻令所得遲. 早知燈是火, 飯熟已多時. 다만 너무도 분명하기 때문에, 도리어 얻기가 늦다. 일찍이 등이 불임을 알았던들, 밥이 되고도 시간이 남았을 텐데.

〈덧말〉 배고프면 밥을 얻어먹어야 하고 밥을 먹었으면 당연히 밥그릇을 씻고 설거지를 해야지 남에게 미루면 안 되네. 수행자는 모든 일을 자신이 몸소 해야 한다. 밥도 법도 그릇도 각자의 역할이 있다. 더 이상도 더 이하고 없다. 마당을 쓰는 그대를 보고 그대는 지금 무엇을 하는가? 라고 하면 그대는 무어라 말할 것인가? 마당을 쓸고 있습니다. 에이 마당을 쓰는데 무슨 말이 필요 한가, 그냥 쓸면 되지, 알아차렸는가? 선의 나침판에서 숭산스님의 10공안 점검에서 이 공안은 두 번째다. 식은 죽 먹기다.

연기 緣起

화선지가 墨묵을 먹고 푸른 난초를 키워 꽃을 피우네.

〈무문관 제8칙〉 해중조차(奚仲造車) 月庵和尙問僧, 奚仲造車一百輻, 拈卻兩頭, 去卻軸, 明甚麼邊事. 월암 화상이 한 승려에게 물었다. 해중이 백 개의 바퀴살을 가진 수레를 만들면서, 두 바퀴도 뽑아버리고, 바퀴 축도 떼어버린 것은, 무엇을 밝히려는 것인가?

〈무문송〉 機輪轉處, 達者猶迷. 四維上下, 南北東西. 바퀴가 구르는 곳에선, 도인조차 오히려 미혹하고, 사유상하, 동서남북이로구나.

〈덧말〉 연꽃이 피기까지는 물속 땅에 뿌리를 내린 연 줄기와 잎이 나고 꽃봉오리를 맺으면 바람과 이슬과 햇살이 함께 어울려 연꽃 한 송이를 피운다네. 우리는 아름답게 피어있는 꽃만 보지 뻘 밑에 뿌리를 보지 못한다네. 이 세상에 모든 것은 홀로 존재하는 것이 없이 서로서로 연기되어 나타난다네. 그대는 누구인가? 4대로 만든 것이 육신이며 그대 한 생각이 그대임을 아는가?

갈대의 빙선 冰禪

푸른 속살 다 비워내고 외발로 선 흰 침묵

〈무문관 제9칙〉 대통지승(大通智勝), 興陽讓和尚, 因僧問, 大通智勝佛, 十劫坐道場, 佛法不現前, 不得成佛道時如何. 讓曰, 其問甚諦當. 僧云, 旣是坐道場, 爲甚麼不得成佛道. 讓曰, 爲伊不成佛. 흥양 양화상에게, 어떤 승려가 물었다. 대통지승불이, 십겁 동안 도량에 앉았어도, 불법이 앞에 드러나지 않아서, 불도를 이룰 수 없었다는데 이러할 때는 어떠합니까? 양화상이 말했다. 그 질문이 매우 마땅하구나! 승려가 말했다. 이미 도량에 앉았는데, 어째서 불도를 이룰 수 없었습니까? 양화상이 말했다. 그가 부처를 이루지 않았기 때문이다.

〈무문頌〉 了身何似了心休, 了得心兮身不愁, 若也身心俱了了, 神仙何必更封侯. 어찌 몸을 닦는 것이 마음을 깨달아 쉬는 것만 하겠는가? 마음을 깨닫고 나면 몸을 근심하지 않나니, 만약 몸과 마음을 모두 깨닫는다면, 신선이 어찌 다시 벼슬자리를 받겠는가!

〈덧말〉 봄이 되면 붉은 꽃을 피우는 늙은 매화나무가 성불이고 폭풍한설 앙상한 몸 드러낸 매화나무도 대통지승불이다. 행주좌와 어묵동정이 성불이요, 두두 물물이 부처인데 부처아닌 곳은 어디인가? 부처를 이루거나 불도를 이루었다고 한다면 머리에 머리를 얻는 격이고 물로서 물을 씻으려는 경우와 같다. 깨달은 자는 깨달음 자체를 의식하지 못한다. 그냥 할뿐이다. 그대 마음이 부처되어 성불하기를 원하고 있구나. 그런 생각으로 억겁이 아니라 천억겁을 찾아 헤매도 찾지 못하리라.

속지마라

통융아!

예!

대답하는 그놈은 누구인가

─────

〈무문관 제10칙〉 청세고빈(清稅孤貧) 曹山和尚, 因僧問云, 清稅孤貧, 乞師賑濟. 山云, 稅闍梨. 稅應諾. 山曰, 青原白家酒, 三盞喫了, 猶道 未沾脣. 조산 화상에게 청세라는 승려가 물었다. 청세는 외롭고 가난하니, 스님께서 불쌍히 여겨 도와주십시오. 조산이 말했다. 청세 스님!
청세가 네 라고 대답했다. 조산이 말했다. 청원의 백과주, 석 잔이나 마셔놓고도, 오히려 아직 입술도 적시지 못했다고 하는구려.

〈무문송〉 貧似范丹, 氣如項羽. 活計雖無, 敢與鬥富. 가난하기는 범단과 흡사하나, 기개는 항우와 같구나! 삶의 계획이 비록 없으나, 감히 더불어 부를 다투도다!
• 백과주: 지금의 복건성 천주(泉州)에서 나는 유명한 술.

〈덧말〉 술에 취하면 본정신이 아니다. 그러니 횡설수설 하는 것과 같이 탐진치에 취한 중생의 마음이 그러하니 창세야 하는 덧 밥에 덜컥 물린 고기가 되었으니 아직 술이 덜 깼다고 나무라지 않는가.

허공에 도장 찍는 소식

악!

〈무문관 제11칙〉 주감암주(州勘庵主) 趙州到一庵主處問, 有麼有麼. 主豎起拳頭. 州云, 水淺不是泊舡處, 便行. 又到一庵主處云, 有麼有麼. 主亦豎起拳頭. 州云, 能縱能奪能殺能活, 便作禮. 조주가 한 암주의 처소에 이르러 물었다. 있는가? 있는가? 그러자 암주는 주먹을 들어 보였다. 조주가 말했다. 물이 얕아 배를 댈만한 곳이 아니군! 그러고는 가버렸다. 또 다른 암주의 처소에 이르러 물었다. 있는가? 있는가? 암주 역시 주먹을 들어 보였다. 조주가 말했다. 능히 놓아주기도 하고 능히 빼앗기도 하며, 능히 죽이기도 하고 능히 살리기도 하는구나! 하고는 절을 했다.

〈무문송〉 眼流星, 機掣電. 殺人刀, 活人劍. 안목은 유성 같고, 기틀은 번개 같네. 사람을 죽이는 칼이고, 사람을 살리는 검이로다.

〈덧말〉 네 ,누구십니까? 동창이 밝았느냐 노고지리 우지진다. 앎의(般若)인주로 허공에 도장 찍는 소식, 바다에 찍는 인(印)보다 허공에 찍는 도장(空)이 더 쾌활! 반야(般若)의 인주를 묻혀서 허공장(虛空藏)에 악! 국제선원에서 미국선사와 말씨름하던 생각이 난다.

허수아비와 참새

사람 옷을 입었다고 허수아비가 사람인줄 착각하는
너는 너는 참새

〈무문관 제12칙〉 암환주인(巖喚主人) 瑞巖彦和尚, 每日自喚, 主人公, 復自應諾. 乃云, 惺惺著, 喏, 他時異日, 莫受人瞞, 喏喏. 서암 언화상은 매일 자신을 주인공아! 하고 부르고 다시 스스로 예! 하고 대답한다. 늘 깨어있어라!, 예!, 남들에게 속지 마라!, 예, 예!

〈무문頌〉 學道之人不識真, 只為從前認識神. 無量劫來生死本, 癡人喚作本來人. 도를 배우는 사람이 진실을 알지 못하는 것은, 다만 예전부터 인식한 신을 자기로 알았기 때문이다. 무량한 과거부터 생사의 근본을, 어리석은 사람들은 본래의 자기라고 부른다.

〈덧말〉 참 주인공은 어디에 있는가? 각각 다른 곳에 집을 둔 주인이 머슴을 각각 두면 주인이 하나인 두 머슴은 각각 자기가 바라보는 주인이 이렇다며 싸운다. 전등록에 육긍대주가 남전보우선에게 유리병 속에 갇힌 거위를 병도 깨트리지 않고 어떻게 거위를 꺼낼 수 있는가?하니 남전이 즉시 '육긍대주' 하고 부른다. 육긍대주가 '네' 이미 나왔느니라... 유리병 속에 잠든 영혼을 깨워내는 천둥 같은 소리다. 온갖 번뇌 망상과 고정관념에서 벗어나는 아상의 감옥에서 벗어나는 소리다. 문을 여는 열쇠이다. 화엄경 야마천궁품에서 마음은 그림을 잘 그리는 화가와 같아서 이 세상에 있는 것은 무엇이든 다 그려낸다고 했다. 선방에서 독참을 하면서 선원장 스님이 스님요... 아직도 귓가에 맴돈다.

하늘 귀

沈默 침묵이 말을 하는 소식

―――

〈무문관 제13칙〉 덕산탁발(德山托鉢) 德山一日托鉢下堂, 見雪峰問, 者老漢, 鐘未鳴, 鼓未響, 托鉢向甚處去, 山便回方丈. 峰擧似巖頭, 頭云, 大小德山, 未會末後句. 山聞, 令侍者喚巖頭來, 問曰, 汝不肯老僧那. 巖頭密啟其意, 山乃休去. 明日陞座, 果與尋常不同, 巖頭至僧堂前, 拊掌大笑云, 且喜得, 老漢會末後句. 他後天下人, 不奈伊何. 덕산이 하루는 발우를 들고 식당으로 내려가는 것을, 보고 설봉이 물었다. 스님, 종도 아직 울리지 않고, 북도 치지 않았는데, 발우를 들고 어디로 가십니까? 하니, 덕산은 곧장 방장으로 돌아갔다. 설봉이 이 일을 암두에게 말하자, 암두는 큰스님도 아직 말후구를 모르는구나! 라고 말했다. 덕산이 그 소문을 듣고, 시자에게 암두를 불러 오라고 해서, 암두에게 물었다. 네가 이 노승을 긍정하지 않느냐? 암두가 귓속말로 그 뜻을 말씀드리자, 덕산은 금방 이해하고 풀어졌다. 다음날 법좌에 올라, 과연 법문이 평소와는 같지 않았다. 암두가 승당에 이르러, 손뼉을 치고 크게 웃으며 말했다. 기쁘구나! 노화상이 이제야 마지막 구절을 알았도다. 이후부터 천하의 사람들도, 그를 어쩌지 못하리라!

〈무문頌〉 識得最初句, 便會末後句, 末後與最初, 不是者一句. 최초구절을 알 수 있다면, 곧바로 말후구를 알겠지만, 마지막 구절과 맨 처음 구절도, 이 한 구절은 아니로다!

〈덧말〉 나이가 들면 눈도 어둡고 귀도 잘 들리지 않는다. 가는 세월을 누가 막으리... 그렇다 치더라도 규칙은 규칙이니 아무 때나 나서면 노망들었다고 하지, 그래도 스승을 존경하고 후배를 가르치는 암두가 훌륭한 것이지... 이 칙에는 여러 개의 공안이 나온다. 숭산스님의 10공안 중에 9번째다. 녹록하지 않다. 그래도 눈이 밝으면 달빛에 손에 박힌 가시가 훤하게 보인다.

한심 閒心

봄 고양이 한 마리 마당 귀퉁이 지나는데

내 마음에 돌멩이 하나 들어앉다.

〈무문관 제14칙〉 남전참묘(南泉斬猫) 南泉和尚, 因東西兩堂爭貓兒, 泉乃提起云, 大眾, 道得即救, 道不得即斬卻也. 眾無對, 泉遂斬之. 晚趙州外歸, 泉舉似州. 州乃脫履, 安頭上而出. 泉云, 子若在, 即救得貓兒. 남전 화상이 동당과 서당스님들이 어린고양이를 가지고 서로 자기 고양이라고 다투기에, 남전이 고양이를 들어 보이고는 말했다. 대중들아, 한 마디 일러라, 이르면 살려줄 것이요, 이르지 못한다면 베겠다! 대중들이 대답이 없자, 남전은 고양이를 베었다. 저녁에 조주가 외출해서 돌아오자, 남전은 낮에 있었던 일을 조주에게 들려주었다. 그러자 조주는 신을 벗어, 머리위에 이고 나가버렸다. 남전이 말했다. '그대가 만약 있었다면, 즉시 고양이를 구할 수 있었을 텐데...

〈무문송〉 趙州若在, 倒行此令. 奪卻刀子, 南泉乞命. 조주가 만약 있었다면, 거꾸로 그 명령을 행했으리. 칼을 빼앗기고 남전도 목숨을 구했으리.

〈덧말〉 불교는 생사를 초월한 자비심이 근본이다. 그래서 죽은 영가를 위해서도 천도재를 지낸다. 그대의 마음 안에 살신성인의 자비로 가득한가. 그러면 고양이가 살 것이요, 만약 고양이가 죽었다면 그대 지금 살릴 수 있겠는가. 왕생극락지 대원이로다.

3번국도 國道

진주 촉석루 앞에서 서성이던 길이
문경 새재를 넘고 한강을 건너
어! 지금 여기 백마고지역전에 와있네.

〈무문관 제15칙〉 동산삼돈(洞山三頓) 雲門因洞山參次, 門問曰, 近離甚處. 山云, 查渡. 門曰, 夏在甚處. 山云, 湖南報慈. 門曰, 幾時離彼. 山云, 八月二十五. 門曰, 放汝三頓棒. 山至明日, 卻上問訊. 昨日蒙和尚放三頓棒. 不知過在甚麼處. 門曰, 飯袋子, 江西湖南, 便恁麼去. 山於此大悟. 운문에게 동산이 참배하러 왔기에, 운문이 물었다. 최근에 어디를 떠나왔는가? 동산이 말했다. 사도에서 왔습니다. 운문이 말했다. 여름엔 어디에 있었는가? 동산이 말했다. 호남의 보자에 있었습니다. 운문이 말했다. 언제 거기를 떠났는가? 동산이 말했다. '8월 25일에 떠났습니다. 운문이 말했다. 네게 세 번의 방망이질 할 것을 봐주었다. 동산이 다음 날 다시 찾아가, 문안을 드리면서 물었다. 어제 화상께서 세 번의 방망이질 할 것을 봐주셨는데, 허물이 어느 곳에 있는지 모르겠습니다. 운문이 말했다. '밥통아! 강서와 호남으로, 이렇게 돌아다녔느냐? 동산은 이에 크게 깨달았다.

〈무문頌〉獅子教兒迷子訣, 擬前跳躑早翻身. 無端再敘當頭著, 前箭猶輕後箭深. 사자는 새끼를 가르치는 방법이 당혹케 하여, 앞으로 뛰려고 머뭇거리자마자 얼른 몸을 뒤집는다. 느닷없이 거듭 펼쳐 정통으로 맞추었으니, 앞 화살은 오히려 가벼웠으나 나중 화살은 깊도다.

〈덧말〉 기억하는 전생의 집착이 병이다. 내가 그대 손을 꼬집으면 과거에 아픈가, 미래에 아픈가, 아니면 지금 아픈가. 그대는 지금 어디에 있는가, 지나가버린 과거에 있는가 아니면 오지도 않는 미래에 있는가.

뎅~~~

이 종소리 어디서 태어나 어디에 살다 어디로 가는가?

뎅~~~.

〈무문관 제16칙〉 종성칠조(鐘聲七條) 雲門曰, 世界恁麼廣闊, 因甚向鐘聲裏披七條. 운문이 말했다. 세계가 이렇게 넓은데, 어찌하여 종소리가 울리면 칠조 가사를 입는가?

〈운문송〉 會則事同一家, 不會萬別千差. 不會事同一家, 會則萬別千差. 알면 곧 모든 일이 한 집안이요,
알지 못하면 천차만별이다. 알지 못하면 모든 일이 한 집안이요, 알면 곧 천차만별이로다.

〈덧말〉 절에서는 조석 예불을 드리기 위해서 장삼을 입고 가사를 걸친다. 예불 전에 사물의 예경의식 중에 가사를 수하고 북을 두드리고 종을 친다. 종치는 것과 가사 입는 것이 뭔 상관 이겠는가만, 종이 치면 가사를 입으시게...

개의 悟道 오도

개에게 너는 개냐고 물으니?

멍! 멍! 멍!

〈무문관 제17칙〉 국사삼환(國師三喚) 國師三喚侍者, 侍者三應. 國師云, 將謂吾辜負汝, 元來卻是汝辜負吾. 국사가 세 번 시자를 부르자 시자가 세 번 답했다. 국사가 말했다. 내가 너를 저버렸다고 여겼는데 알고 보니 도리어 네가 나를 저버렸구나!

〈무문頌〉 鐵枷無孔要人擔, 累及兒孫不等閑. 欲得撐門拄戶, 更須赤腳上刀山. 구멍 없는 쇠칼을 사람에게 씌우려 하니, 그 허물이 자손에게 미쳐 등한시 할 수 없다. 문호로 선가를 떠받치고자 한다면, 다시 맨발로 칼산을 올라야 하리라.

눈 雪

눈은 쓰레기 더미 위에도 하얗게 내려앉네.

―

〈무문관 제18칙〉 동산삼근(洞山三斤) 洞山和尙, 因僧問, 如何是佛. 山云, 麻三斤. 동산 화상에게, 어떤 스님이 물었다. 어떤 것이 부처입니까? 동산이 말했다. '마 삼 근.'

〈무문송〉 突出麻三斤, 言親意更親. 來說是非者, 便是是非人. 갑자기 뱉은 마 삼 근, 말도 가깝지만 뜻은 더욱 가깝도다. 와서 말로 시비하는 자가, 바로 시비에 떨어진 사람이다.

〈덧말〉 부처 아닌 것이 없으니 보이는 대로 듣는 대로 만지는 대로 모두가 부처라네. 그런데 마음이 말과 뜻에 속으니 어쩌겠나. 보고 속고 듣고 속고 만지면서 속고 속으면서 사는 중생 살이 끝내는 방법이 '마 삼 근'!

평상심 平常心

추운 겨울밤인데 달은 알몸으로 서성이네.

〈무문관 제19칙〉 평상시도(平常是道) 南泉因趙州問, 如何是道. 泉云, 平常心是道. 州云, 還可趣向否. 泉云, 擬向即乖. 州云, 不擬, 爭知是道. 泉云, 道不屬知, 不屬不知. 知是妄覺, 不知是無記. 若眞達不擬之道, 猶如太虛廓然洞豁, 豈可强是非也. 州於言下頓悟. 남전에게 조주가 물었다. 어떤 것이 도입니까? 남전이 말했다. 평상심이 도이다. 조주가 말했다. 찾아 나아갈 수 있습니까? 남전이 말했다. 헤아려 나아가려 하면 곧 그르친다. 조주가 말했다. 헤아리지 않는다면 어떻게 도인 줄 알겠습니까? 남전이 말했다. 도는 아는 것에도 속하지 않고, 모르는 것에도 속하지 않으니, 안다고 하는 것은 망각이요, 모른다는 것은 깜깜한 무기이다. 만약 참으로 헤아릴 수 없는 도에 통달한다면 마치 허공과 같이 텅 비고 탁 트일 테니, 어찌 굳이 옳고 그름을 따지겠는가? 조주는 이 말끝에 단박 깨달았다.

〈무문頌〉 春有百花秋有月, 夏有涼風冬有雪. 若無閑事挂心頭, 便是人間好時節. 봄에는 백화요 가을에는 두둥실 달, 여름에는 서늘한 바람 겨울에는 하얀 눈. 만약 쓸데없는 일에 마음 두지 않는다면 곧 이것이 인간 세상 좋은 시절이어라.

〈덧말〉 익은 과일이 언젠가 떨어지듯 모든 건강은 병으로 끝나고 젊음은 늙음으로 끝나고 모든 생명은 죽음으로 끝난다. 무엇이 문제인가.

江의 門

눈이 세상을 다 덮어도

저 강문은

어쩌지 못하는구나.

〈무문관 제20칙〉 대력량인(大力量人) 松源和尚云, 大力量人, 因甚抬脚不起. 又云, 開口不在舌頭上. 송원숭악 화상이 말했다. 큰 능력을 가진 사람이, 어째서 다리를 들어 올리지 못하는가? 또 말했다. 입을 열어 말하는 것은 혀에 있지 않다.

〈무문송〉 抬脚踏翻香水海, 低頭俯視四禪天. 一箇渾身無處著, 請續一向. 다리 들어 향수해 밟아 뒤집고 머리 숙여 사선천 내려다본다. 이 한 둘 곳 없으니 청하건데 한 구절을 이어주게나.

〈덧말〉 개도 전봇대 앞에서 오줌을 눌 때 다리를 든다. 오히려 능력을 가진 자는 다리를 들지 못한다.

당신의 똥에는 장미꽃 향내가 납니다

암으로 죽어가는 아내가 싸놓은 똥을 보고 남편이 말한다.

〈무문관 제21칙〉 운문시궐(雲門屎橛) 雲門因僧問, 如何是佛. 門云, 乾屎橛. 운문에게 어떤 승려가 물었다. 어떤 것이 부처입니까? 운문이 말했다. 똥 막대기!
〈무문頌〉 閃電光, 擊石火. 眨得眼, 已蹉過. 번개가 번쩍이고, 꽃이 튀는구나! 눈 깜짝할 사이에 이미 지나갔도다!

〈덧말〉 지금 보이는 것이 뭔가? 책인가, 손인가, 아니면 발가락인가, 보면 볼뿐 들으면 들을 뿐! 자꾸 뭘 알음알이로 잘 나체 하지 말라. 찬물을 마시면 찬줄 알고 으~ 시원하다.

그대가 없는 그대여

진정 열반으로 가는 길목에서 노래 부르는 존자여,

진리의 뗏목을 타고 거세게 흐르는 무명의 강을 걸림 없이 건너네.

늙은 암두 도인처럼 오고가고 할 뿐이니.

그러니….

〈무문관 제22칙〉 가섭찰간(迦葉刹竿) 迦葉因阿難問云, 世尊傳金襴袈裟外, 別傳何物. 葉喚云, 阿難. 難應諾. 葉云, 倒卻門前刹竿著. 가섭에게 아난이 물었다. 세존께서 금란가사를 전하신 것 이외에 따로 어떤 물건을 전하셨습니까? 가섭이 아난을 불렀다. 아난아! 예. 문 앞의 찰간을 넘어뜨려라!

〈무문송〉 問處何如答處親, 幾人於此眼生筋. 兄呼弟應揚家醜, 不屬陰陽別是春. 묻는 곳이 어떠하건 답한 곳은 뚜렷하니 몇 사람이나 여기에서 눈을 활짝 뜨겠는가? 형의 부름에 동생이 대답하여 집안의 추태를 드러내니 사계절에 속하지 않는 특별한 봄이로다!

〈덧말〉 선은 철저하게 자신을 버리는데 있다. 방하착하라는 말이다. 무엇을 얻고 버리고 할 것이 있다고 마음을 내는가! 123

앎

깨달음은 노력으로 무엇을 얻는 것이 아니라
이미 깨달아 있다는 것을 지금 알아차리는 것이라네.

〈무문관 제23칙〉 불사선악(不思善惡) 육조는 명 상좌가 대유령까지 따라온 것을 보고 즉시 의발을 돌 위에 놓고, 이 가사는 믿음의 징표이니, 어찌 힘으로 다투겠는가? 그대 뜻대로 하시오. 명 상좌가 그것을 들어 올리려 했으나 산처럼 움직이지 않았다. 어찌할 줄 모르고 벌벌 떨면서 저는 법을 구하러 왔지, 옷을 가지러 온 것이 아닙니다. 원하옵건대 행자께선 법을 보여 주십시오. 육조가 말했다. 선도 생각하지 말고, 악도 생각하지 마시오.(不思善, 不思惡) 바로 이러한 때, 어느 것이 명 상좌의 본래면목입니까? 명 상좌가 크게 깨닫고 절을 하며 물었다. 좀 전의 비밀한 말과 뜻 이외 또 다른 가르침은 없습니까? 육조가 그대가 만약 자신의 본래면목을 되비추어 본다면, 비밀은 오히려 당신 쪽에 있소. 명 상좌가 다시 깨달아 마치 사람이 물을 마시고, 차고 따뜻함을 그냥 아는 것과 같습니다(如人飮水, 冷暖自知) 이제 행자께서 바로 저의 스승이십니다. 육조가 말했다. 그대가 만약 그러하다면, 곧 나와 그대는 황매를 함께 스승으로 모시는 것이니. 기쁘게 잘 지켜 가시길 바랍니다.

〈무문頌〉 描不成兮畫不就, 贊不及兮休生受. 本來面目沒處藏, 世界壞時渠不朽. 묘사할 수도 없고 그릴 수도 없고, 칭찬도 못하니 헛수고 하지 말게. 본래면목은 숨길 곳 없으니, 세계가 무너질 때도 그는 없어지지 않네.

〈덧말〉 내가 세상을 바라 볼 때 뜻 있는 그대로를 보는 것이 아니라 내가 바라보고 싶은 것만 골라서 세상을 보고 있지는 않은지 늘 자신을 바라보라 한마음 안에 세상사가 훤하여 비추는데 무엇이 옳고 그르다고 분별하고 시비할 것인가.

농촌곡 農村曲

뻐어우우욱뿌우어억꼬꼬오-옥차으초으째째찰짝머엉꿩꿕깽꺽엉르르꾸우-우까
악까악꺼꺼치까음음매애애에지억찌이찍쩍삐익스스사아사삭파스삭-스시이익

―――

〈무문관 제24칙〉 리각언어(離却語言) 풍혈 화상에게 어떤 승려가 물었다. 말하는 것도, 침묵하는 것도 들어가고 나옴에 걸리니 어떻게 하면 통하여 어긋나지 않겠습니까? 풍혈이 말했다. 항상 강남의 3월을 기억하나니, 자고새 우는 곳에 온갖 꽃이 향기롭다네!

〈무문頌〉 不露風骨句, 未語先分付. 進步口喃喃, 知君大罔措. 드러내지 않아도 격조 높은 말귀, 말하기 전에 벌써 전해 주었네. 앞으로 다가와 주절주절 입을 연다면, 그대야말로 어찌할 수 없음을 알겠네.

〈덧말〉 오직 있는 그대로 지금을 알아차려라. 가장 완전한 언어는 생각하게 만들지 않는다.

江

그대 이름은
길 따라 모양 따라 마음을 내어준 여래라네!

〈무문관 제25칙〉 삼좌설법(三座說法) 仰山和尚, 夢見往彌勒所, 安第三座. 有一尊者, 白槌云, 今日當第三座說法. 山乃起白槌云, 摩訶衍法, 離四句, 絕百非, 諦聽諦聽. 앙산 화상은, 꿈에 미륵이 계신 곳에 가서 세, 번째 자리에 앉게 되었다. 그때 한 존자가, 백추하고 말했다. 오늘은 세 번째 자리에 앉은 분이 법을 설하겠습니다. 앙산은 일어나 백추를 하고는 말했다. 대승법은, 사구를 떠나고, 백비를 끊었으니, 자세히 듣고 자세히 들으시오!

〈무문송〉 白日靑天, 夢中說夢. 捏怪捏怪, 誑諕一眾. 맑고 밝은 대낮, 꿈속에서 꿈을 이야기니. 괴이하고도 괴이하다, 한 무리 사람들을 속이는구나!

〈덧말〉 본래 마음이 항상 눈앞에 있으나 스스로가 보지 못할 뿐, 꿈이 그대의 것이라면 이미 이 몸 그대로가 그대의 본래 법신이면서 본래 마음이다. 무엇을 자꾸 속이려 하고 들으려 하는가.

見知 견지

밤새 울던 풍경소리 어디로 갔나 했더니
저 댓잎 우에 앉아 있네.

〈무문관 제26칙〉 이승권렴(二僧卷簾) 清涼大法眼, 因僧齋前上參, 眼以手指簾. 時有二僧, 同去卷簾. 眼曰, 一得一失. 청량 대법안은, 대중들이 점심 공양 전에, 설법을 들으러 오자 손으로 발을 가리켰다. 그 때 두 승려가, 동시에 가서 발을 말아 올렸다. 법안이 말했다. 하나는 얻었고 하나는 잃었도다.

〈무문송〉 卷起明明徹太空, 太空猶未合吾宗. 爭似從空都放下, 綿綿密密不通風. 말아 올리니 밝고 밝아 거대한 허공에 사무치나, 거대한 허공도 오히려 나의 알아차림에는 합하지 않네. 어찌 허공마저도 모두 놓아버려서, 전혀 빈틈없이 바람조차 통하지 않음만 같겠는가.

〈덧말〉 말에 걸려 넘어지지 마라. 정확한 상황을 파악하며 올바른 관계가 설정되고 나아가 올바른 실행이 일어나게 된다. 나도 두 번은 발에 걸려 넘어졌지만 금방 일어나 발을 말아 올렸다.

눈 푸른 납자 衲子

푸른 세월의 옷을 입고 벼랑위에 도올한 선사

〈무문관 제27칙〉 불시심불(不是心佛) 南泉和尚, 因僧問云, 還有不與人說底法麼. 泉云, 有. 僧云, 如何是不與人說底法. 泉云, 不是心, 不是佛, 不是物. 남전 화상에게 어떤 승려가 물었다. 사람들에게 말씀하지 않은 법이 있습니까? 남전이 말했다. 있다. 승려가 말했다. 어떤 것이 사람들에게 말씀하지 않은 법입니까? 남전이 말했다. 마음도 아니고, 부처도 아니고, 물건도 아니다.

〈무문송〉 叮嚀損君德, 無言真有功. 任從滄海變, 終不為君通. 지나친 친절은 그대의 덕을 손상시키니, 말 없음이야말로 참된 공이 있는 것이네. 설령 푸른 바다가 변한다 해도, 끝내 그대를 위해 말해주지 않겠네.

〈덧말〉 진리는 과거나 미래에 있지 않다는 것을 말한다. 지금 당신이 듣고 보고 느끼며 마음 쓰는 그것이 불법임을 말하는 것이다. 유토피아는 인간의 꿈을 만들고 희망을 준다. 신이 그것을 대신한다. 어떠한 신앙도 학문도 인간에게 유토피아로 안내하지 못한다. 하지만 불교의 참 진리는 스스로 유토피아 피안의 세계에 살게 한다.

불경 火經

경전이 어둠을 밝히는 것이 아니라
경전을 태우면 어둠을 밝힌다.

〈무문관 제28칙〉 구향용담(久響龍潭)龍潭因德山請益抵夜. 潭云, 夜深, 子何不下 去. 山遂珍重, 揭簾而出, 見外面黑, 卻回云, 外面黑. 潭乃點紙燭度與, 山擬接, 潭便 吹滅. 山於此忽然有省, 便作禮. 潭云, 子見簡甚麼道理. 山云, 某甲從今日去, 不疑天 下老和尚舌頭也. 至明日, 龍潭陞堂云, 可中有簡漢, 牙如劍樹, 口似血盆, 一棒打不回 頭, 他時異日, 向孤峰頂上, 立吾道在. 山遂取疏抄, 於法堂前, 將一炬火提起云, 窮諸 玄辨, 若一毫致於太虛, 竭世樞機, 似一滴投於巨壑. 將疏抄便燒, 於是禮辭. 용담에게 덕산이 거듭 가르침을 청하다가 밤이 깊었다. 용담이 말했다. 밤이 깊었으니, 그 대는 그만 내려가는 것이 어떤가? 덕산이 인사를 하고, 발을 걷고 나갔다가, 밖 이 캄캄한 것을 보고 돌아와서 말했다. 밖이 캄캄합니다. 용담이 이에 종이 초에 불을 붙여 건넸다. 덕산이 막 받으려고 하는 순간, 용담이 촛불을 훅 불어 꺼버렸 다. 덕산은 여기에서 홀연 깨달은 바가 있어, 곧바로 절을 했다. 용담이 말했다. 그대는 도대체 어떤 도리를 보았는가? 덕산이 말했다, 제가 오늘 이후로, 천하 노 화상들의 말씀을 의심하지 않겠습니다. 다음 날, 용담이 법당에 올라, 만약 이 가 운데 어떤 사람이, 이빨은 칼의 숲과 같고, 입은 피를 가득 묻은 아가리와 같아서, 한 방망이를 때려도 머리를 돌리지 않는다면, 먼 훗날, 외로운 봉우리 정상에서, 나의 도를 세울 것이다. 덕산이 소초를, 법당 앞에 모아 놓고, 손에 횃불을 치켜 들고 말했다. 현묘한 도리를 모두 통달했다 하더라도, 작은 터럭 하나를 커다란 허공에 두는 것과 같고, 세상의 온갖 이치를 설파한다 하더라도, 물 한 방울을 거 대한 골짜기에 던지는 것과 같다. 그리고는 소초를 불태우고, 작별 인사를 했다.

〈무문송〉 聞名不如見面, 見面不如聞名. 雖然救得鼻孔, 爭奈瞎卻眼睛. 명성을 듣는 것보다 직접 만나 보는 게 좋고, 직접 보는 것보다 명성을 듣는 것이 좋을 때가 있 다. 비록 콧구멍은 구해 얻었으나, 어찌 하겠는가 눈을 멀게 하였으니.

〈덧말〉 덕산은 배고픈 마음하나 찾지 못해 점심까지 굶고 갔으니 오죽이나 시장 하겠는가. 그래도 그게 약인게지, 배고프니 눈에 뵈는 게 없지 하! 하! 지식으로 등불을 밝히지 못하지, 앎만

팔월 달밤에 감나무 그림자가 흔들린다

감나무가 흔들리는가? 바람이 흔들리는가? 그림자가 흔들리는 건가?
그대 마음이 흔들린다고?
아니야, 아니야, 덥다 더워!
부채를 부치면 흔들리는 소매깃이여!

〈무문관 제29칙〉 비풍비번(非風非幡)六祖因風颺刹幡, 有二僧對論. 一云, 幡動. 一云, 風動. 往復曾未契理, 祖云, 不是風動, 不是幡動. 仁者心動. 二僧悚然. 바람이 절의 깃발을 날리는데 두 승려가 서로 논쟁하였다. 한 사람은 '깃발이 움직이는 것이다.' 라고 하고, 다른 한 사람은 '바람이 움직이는 것이다.'라고 하며 옥신각신 이치에 맞지 않기에, 육조가 말했다. 바람이 움직이는 것도 아니고, 깃발이 움직이는 것도 아니다. 그대들 마음이 움직이는 것이다. 두 승려는 두려워 온몸에 소름이 돋았다.
어느 곳에서 조사를 볼 수 있겠는가? 만약 여기에서 분명하게 볼 수 있다면 바야흐로 두 승려는 쇳조각을 산다는 것이 금덩이를 얻었고, 조사는 참을성이 없어 한바탕 허물을 드러냈음을 알게 될 것이다.

〈무문송〉風幡心動, 一狀領過. 只知開口, 不覺話墮. 바람과 깃발 마음이 움직인다, 말 한 장의 영장인 허물이구나. 그저 입을 열 줄만 알았지, 말에 떨어진 줄은 모르는구나.

〈덧말〉 이 공안을 참 진지하게 참구한 경험이 생각난다. 선방에 앉아 오직 모를 뿐!으로 창문 밖에 흔들리는 나뭇잎을 바라보면서 무엇이 저 나뭇잎을 흔드는가? 골똘하다 선원장 스님께 "오직 흔들릴 뿐입니다." 그것은 설명입니다. 선은 설명이 아닙니다. "바람은 바람이고 깃발은 깃발입니다." 몇 번을 퇴방하고 또 하고... 그러다가 문득 어!...

어!

꿈에서 깨어보니 꿈인 줄 알았네 하!

―――
〈무문관 제30칙〉 즉심시불(即心即佛) 馬祖因大梅問, 如何是佛. 祖云, 即心是佛. 마조에게 대매가 물었다. 어떤 것이 부처입니까? 마조가 말했다. 이 마음이 그대로 바로 부처이다.

〈무문頌〉 青天白日, 切忌尋覓. 更問如何, 抱贓叫屈. 밝은 대낮처럼 명백하니, 결코 찾지 말아야 한다. 다시 어떤 것이냐고 묻는다면, 훔친 물건을 안고 죄가 없다 외치는 짓이다.

〈덧말〉 당신이 부처요! 하면 모두가 아니라고 한다. 부처는 누런 황금색을 하고 불당에 앉아 있는 것이 부처라고 알고 있기 때문이다. 어설픈 말글로 덧칠하고 있는 내 책임이 클 것이다.

보소, 이 장꾼들아

이장 저장 장돌뱅이처럼 기웃거리지 말고

어여 그 보따리 떨이하고 가야지.

〈무문관 제31칙〉 조주감파(趙州勘婆)趙州, 因僧問婆子, 臺山路向甚處去. 婆云, 驀直去. 僧纔行三五步. 婆云, 好箇師僧, 又恁麽去. 後有僧擧似州. 州云, 待我去與爾勘過這婆子. 明日便去, 亦如是問, 婆亦如是答. 州歸謂眾曰, 臺山婆子, 我與爾勘破了也. 어떤 승려가 노파에게 물었다. 오대산 가는 길은 어디로 가야합니까? 노파가 말했다. 곧장 가시오. 승려가 막 서너 걸음 걸어가자, 노파가 말했다. 훌륭한 스님이 또 저렇게 가는구나! 뒤에 한 스님이 조주에게 이 사실을 이야기 했다. 조주가 말했다, 내가 가서 너희를 위해 그 노파의 속임수를 알아보겠다. 다음날 바로 가서, 그와 같이 물으니, 노파도 그와 같이 대답하였다. 조주가 돌아와서, 대중에게 말했다. 내가 너희를 위해 노파의 속임수를 완전히 간파 했다.

〈무문송〉 問既一般, 答亦相似. 飯裏有砂, 泥中有刺. 물음이 이미 같으니, 대답도 역시 상이하구나. 밥 속에 모래가 있고, 진흙 가운데 가시가 있네.

〈덧말〉 인생이 별거 있어 보따리 장사꾼이제. 전생에 업보따리 싸들고 왔어 법당 빌려서 그 속에 펼쳐놓고 사는 거지, 이장 저장 기웃거리며 보따리 풀어놓고 업장사하며 놀다가 몽땅 떨이 못 하면 남은 업보따리 싸들고 다시 가는 거. 장사하는 기술 부처님이 다 가르쳐 주었는데 의심 말고 기술 배워야지...

세상에 좋은 말은 채찍의 그림자만 봐도 달리는 것과 같다

가을바람이 무심코 던진 말에 낙엽이 툭!

〈무문관 제32칙〉 외도문불(外道問佛) 世尊, 因外道問, 不問有言, 不問無言. 世尊據座. 外道贊歎云, 世尊大慈大悲, 開我迷雲, 令我得入, 乃具禮而去. 阿難尋問佛, 外道有何所證, 贊歎而去. 世尊云, 如世良馬, 見鞭影而行. 세존에게 어떤 외도가 물었다. 말 있음도 묻지 않고, 말 없음도 묻지 않겠습니다. 세존은 자리에 침묵하고 앉아 있었다. 외도가 찬탄하며 세존의 대자대비 하심이, 제 미혹의 구름을, 저로 하여금 깨달음에 들게 해 주셨습니다. 라고 말하고는 곧 예를 갖추고는 물러갔다. 아난이 부처님께 물었다. 외도는 무슨 깨달은 바가 있었기에, 찬탄하고 물러갔습니까? 세존이 말씀하셨다. 마치 좋은 말은 채찍 그림자만 봐도 달리는 것과 같다.

〈무문頌〉 劍刃上行, 冰稜上走. 不涉階梯, 懸崖撒手. 칼날 위를 걷고, 얼음 위를 달린다. 계단과 사다리를 밟지 않고, 절벽에서 손을 놓아 버린다.

비심비불 非心非佛

어, 3월에 피는 진달래가 9월인데 꽃이 피었네.

───

〈무문관 제33칙〉 비심비불(非心非佛) 馬祖, 因僧問, 如何是佛. 祖曰, 非心非佛. 마조에게 어떤 승려가 물었다. 무엇이 부처입니까? 마조가 말했다. 마음도 아니고 부처도 아니다.

〈무문송〉 路逢劍客須呈, 不遇詩人莫獻. 逢人且說三分, 未可全施一片. 길에서 검객을 만나면 모름지기 칼을 보여주고, 시인을 만나지 못하면 시를 바쳐서는 안 된다. 사람을 만나거든 삼할만 말해야지 한 개 마음을 완전히 베풀어서는 안 된다.

〈덧말〉 말은 마음이 하는 것이다. 그렇다고 마음이 있어서 말이 있는 것은 더욱 아니다. 그렇다고 말이 마음이냐 하면 그렇지도 않다. 시시 때때로 있을 뿐이다. 할 뿐이고 볼뿐이다. 그래서 그대가 부처

거짓말

불이야! 불이야! 입으로 아무리 말을 해도 입은 뜨겁지 않네.

〈무문관 제34칙〉 지불시도(智不是道) 南泉云, 心不是佛, 智不是道. 남전이 말했다. 마음은 부처가 아니고, 지혜는 도가 아니다.

〈무문頌〉 天晴日頭出, 雨下地上濕. 盡情都說了, 只恐信不及. 날이 맑으면 해가 나오고, 비가 내리면 땅이 젖는다. 정성을 다해 모두 말하였지만, 다만 믿지 않을까 두려울 뿐.

〈덧말〉 말하지 않아도 누구나 소금은 짠 줄 알고 설탕은 달다고 안다.

눈이 눈을 보다

내 눈을 통해 문밖에 내린 눈을 보면 내 눈이 눈인가 눈이 눈인가.

〈무문과 제35칙〉 천녀이혼(倩女離魂) 五祖, 問僧云, 倩女離魂, 那箇是眞底. 오조가, 어느 승려에게 물었다. 천녀는 혼이 나갔다는데, 어느 것이 진짜인가?

〈무문頌〉 雲月是同, 溪山各異. 萬福萬福, 是一是二. 구름과 달은 동일한데, 계곡과 산은 각기 다르다네. 좋고도 좋구나, 하나인가, 둘인가.

〈덧말〉 마음 한줄기가 연기처럼 모였다가 하늘(空性) 속으로 사라지는 것, 그러니 무엇을 마음의 연기라 하며 무엇을 하늘이라 하겠는가. 하늘이 연기를 먹은 것도 아니고 연기가 하늘 속에 숨은 것도 아닌 것을 보고 알아차리는 것이 마음이다. 하지만 이 셋이 하나라 해도 아니라고 해도 안 되네. 같기도 하고 아닌 것 같기도 하니 속지 말게, 둘이 하나가 되고 하나가 둘이 되기도 할 테니.

오행인 五行人
— 이상의 13人의 아해(兒孩)를 역에서 만나기 위해 —

다섯 행인이 길을 가오
푸른 모자를 쓴 행인 하나
입술에 붉은 립스틱을 바른
들길을 맨발로 걷는 행인 하나
흰 옷을 입은 행인 하나
검은 가방을 든 행인 하나가 길을 가오
그 가방 속에 든 여덟의 열쇠를 찾아 길을 떠나오
천안에서 출발하는 64칸 열차를 탄다하여
이상의 아해들은 역易에서 기다린다 하오
얼시구궁 하늘벌레 노래하는 마당에.

---

*이상의 아해(兒孩)들: 이상의 시 〈오감도〉에 나오는 말
〈무문관 제36칙〉로봉달도(路逢達道) 五祖曰, 路逢達道人, 不將語默對. 且道, 將甚麽對. 오조가 말했다. 길에서 도에 통달한 사람을 만나면, 말이나 침묵으로 대해서는 안 된다. 말해 보라. 무엇으로 대해야 하겠는가?

〈무문송頌〉 路逢達道人, 不將語默對. 攔腮劈面拳, 直下會便會. 길에서 도에 통달한 사람을 만나면 말이나 침묵으로 대해서는 안 된다. 뺨에다 곧장 주먹을 날리니 즉시 알아차리면 곧 깨달으리라.

〈덧말〉 길을 가다가 고양이를 만나면 야옹! 하고 개를 만나면 멍멍! 하고 강도를 만나면 도망가야하고 옆집 아저씨를 만나면 안녕하십니까! 인사를 해야지.

산은 산 물은 물

새벽 경매시장을 가본 사람은 안다. 채소가 싱싱하다는 걸

〈무문관 제37칙〉 정전백수(庭前柏樹) 趙州, 因僧問, 如何是祖師西來意, 州云, 庭前柏樹子. 조주에게 어떤 승려가 물었다. 어떤 것이 조사께서 서쪽에서 오신 뜻입니까? 조주가 말했다. 뜰앞의 잣나무다.

〈무문頌〉言無展事, 語不投機. 承言者喪, 滯句者迷. 말은 사실을 드러낼 수 없고, 말은 기틀에 들어맞지 않는다네. 말을 따르는 자는 목숨을 잃고, 글귀에 막히는 자는 미혹게 되리라.

〈덧말〉어떤 말을 해도 말이 거짓은 아니다. 그럼 말을 듣는 귀가 거짓으로 듣는가. 아니야, 그대 생각이 문제지, 모든 것이 전부가 되면 달마가 조사가 오거나 말거나 실지실견(悉知悉見)이라 바로 보고 바로 안다.

윤회 輪廻

어슬렁거리던 산 그림자

해를 업고

산문 안으로 들어가네.

〈무문관 제38칙〉 우과창령(牛過窓櫺) 五祖曰, 譬如水牯牛過窗櫺, 頭角四蹄都過了, 因甚麼尾巴過不得. 오조가 말했다. 예를 들어 물소가 격자 창문을 통과할 때, 머리와 뿔 네 다리는 모두 통과했는데, 어찌 꼬리는 통과하지 못하는가.

〈무문송〉 過去墮坑塹, 回來卻被壞. 者些尾巴子, 直是甚奇怪. 통과하면 구덩이에 떨어지고, 되돌아가면 오히려 부서지고. 하찮은 꼬리란 놈이, 정말로 기이하도다.

〈덧말〉 생이란 스스로 느끼는 자의 것이다. 느끼지 않으면 생은 없다. 길고 짧다는 것도 생각일 뿐 그냥 스쳐 지나는 인연이다. 있는 그대로 바라봄이 아니라 있는 그대로 일 뿐이다.

사랑

어떤 마음실心絲로 짠 그물이 길 레
그 덫에 걸리면 모두가 헤어나질 못 하지!

〈무문관 제39칙〉 운문화타(雲門話墮) 雲門, 因僧問, 光明寂照遍河沙. 一句未絶, 門遽曰, 豈不是張拙秀才語. 僧云, 是. 門云, 話墮也. 後來死心, 拈云, 且道, 那裏是者僧話墮處. 운문에게, 어떤 승려가 물었다. 밝은 빛이 고요히 온 세상을 비추니. 한 구절이 채 끝나지도 않았는데, 운문이 갑자기 말했다. 그것은 장졸 수재의 말이 아닌가? 승려가 말했다. 그렇습니다. 운문이 말했다. 말에 말려들었구나! 후에 황룡사심이 이 이야기를 듣고. 자, 말해보라, 어디가 이 승려가 말에 말려든 곳인가?

〈무문頌〉 急流垂釣, 貪餌者著. 口縫繾開, 性命喪卻. 급한 물결에 낚시를 드리우니, 미끼를 탐내는 놈이 덥석 무네. 입을 열자마자, 목숨을 잃어버리도다.

〈덧말〉 귀를 막고 입도 닫고 눈도 감으면 세상은 어떤 소식일까? 오직 한 (空) 소식일 뿐!

내가 누구인가

무밭에서 무無를 찾지 말라.

〈무문관 제40칙〉 적도정병(趯倒淨瓶) 潙山和尚, 始在百丈會中充典座, 百丈將選人 潙主人, 乃請同首座對眾下語, 出格者可往. 百丈遂拈淨瓶, 置地上設問云, 不得喚作 淨瓶, 汝喚作甚麼. 首座乃云, 不可喚作木[木+突]也. 百丈卻問於山. 山乃趯倒淨瓶而 去. 百丈笑云, 第一座輸卻山子也. 因命之為開山. 위산 화상은 처음에, 백장의 회상 에서 전좌를 맡고 있었다. 백장이 장차 대위산의 주인을 선발하려고, 수좌와 함 께 대중들 앞에서 한 마디씩 하게 하여, 격을 벗어난 사람이 갈 수 있도록 하였다. 백장이 정병을 들어 땅 위에 놓고는 물었다. 정병이라고 불러서는 안 된다. 자네 는 무엇이라고 부를 것인가? 수좌가 이에 말했다. 나무토막이라고 부를 수도 없 습니다. 백장이 이번에는 위산에게 물었다. 위산은 바로 물병을 발로 차서 넘어 뜨리고는 나가버렸다. 백장은 웃으며 말했다. 제1좌가 산자에게 졌구나. 그리하 여 위산에게 명하여 개산하게 하였다.

〈무문송〉 颺下笊籬并木杓, 當陽一突絶周遮. 百丈重關攔不住, 腳尖趯出佛如麻. 조 리와 나무국자를 내팽개치고, 정면으로 돌파하여 장애물을 끊었네. 백장의 겹겹 관문도 멈추게 하지 못하니, 발끝에서 부처를 삼대처럼 쏟아 내네.

〈덧말〉 아이고 아까워라, 그 병속에 백년 산삼주가 담겨 있는데 그걸 차버리다니 차라리 나를 주면 실컷 마실 텐데.

묵언 默言

저 나무는 바람이 나뭇잎을 다 데려가도
無무! 하고 섰네.

〈무문관 제41칙〉 달마안심(達磨安心) 達磨面壁, 二祖立雪斷臂云, 弟子心未安, 乞師安心. 磨云, 將心來, 與汝安. 祖云, 覓心了不可得. 磨云, 為汝安心竟. 달마가 면벽을 하고 있는데, 이조가 눈 속에 서서 팔을 자르며 말했다. 제자의 마음이 편안치 못하니, 스승께서 마음을 편안하게 해 주십시오. 달마가 말했다. 마음을 가지고 오면, 편안하게 해 주겠다. 이조가 말했다. 마음을 찾아보았으나 찾을 수가 없습니다. 달마가 말했다. 이미 너의 마음을 편안하게 해 주었다.

〈무문송〉 西來直指, 事因囑起. 撓聒叢林, 元來是爾. 서쪽에서 와 바로 가르치니, 부촉한 것이 원인이 되어 일어났네. 총림이 시끄럽게 만든 것이, 원래가 바로 너로구나.

〈덧말〉 환희는 고요함과 깨어 있음에서 오는 충만 이다. 그대 내면에 속삭이는 자성에게 물어보라. 자유로움이 환희로 출렁거리는 자비의 파동을 느껴봐라. 연화좌대 위로 그대 자성을 모시고 와 앉혀라.
영원한 동반자 그대 주인공을 그대 자신의 에너지로 가만히 느껴보라.

손가락 하나 一指

도가 무엇입니까?
엄지손가락 하나 들어 보인다.

부처가 무엇입니까?
검지손가락 하나 들어 보인다.

창조가 무엇입니까?
장지손가락이 하나 들어 보인다.

손가락이 무엇입니까?
내 코를 찔렀다.

〈무문관 제42칙〉 여자출정(女子出定) 문수가 여러 부처님들이 모인 곳에 이르자, 마침 여러 부처님들이 각자 본래 처소로 돌아가시는데, 오직 한 여인만이, 세존 가까이에 앉아서 삼매에 들어 있었다. 문수가 부처님께 어째서 여인은 부처님 가까이 앉을 수가 있는데, 저는 그러지 못합니까? 부처님이 네가 이 여인을 깨워, 직접 물어 보아라. 문수가 그 신통력을 다 부려 보았으나 삼매에서 나오게 할 수 없었다. 세존께서 설사 백 명, 천 명의 문수라도, 이 여인을 선정에서 나오게 하지 못할 것이다. 아래로 십이억 항하사 국토를 지나면, 망명보살이 있으니, 그가 능히 이 여인을 선정에서 나오게 할 수 있다. 잠시 후 망명보살이 땅에서 솟아나서 여인 앞에 가서, 손가락을 한 번 튕기게 하니 여인이 이에 선정으로부터 나왔다.

〈무문송〉 出得出不得, 渠儂得自由. 神頭幷鬼面, 敗闕當風流. 나오든 나오지 못하든, 그도 나도 자유를 얻는다. 귀신의 머리와 도깨비 탈, 실패도 마땅히 풍류인 것을.

진리의 말씀

달마는 면벽을 하고, 가섭은 웃고! 예수는 십자가에 못 박힌다.

〈무문관 제43칙〉 수산죽비(首山竹篦) 首山和尚, 拈竹篦示眾云, 汝等諸人, 若喚作竹篦則觸, 不喚作竹篦則背. 汝諸人, 且道. 喚作甚麼. 수산 화상이 죽비를 들어 대중에게 보이고는 말했다. "너희들이 만약 죽비라고 부른다면 (법에) 저촉되는 것이고, 죽비라고 부르지 않는다면 (사물에) 위배되는 것이다. 너희들은 한번 말해 보라. 무엇이라 부르겠느냐?"

〈무문頌〉 拈起竹篦, 行殺活令. 背觸交馳, 佛祖乞命. 죽비를 들어 올려 죽이고 살리는 명령을 행하도다! 위배와 저촉이 번갈아 쫓으니 부처와 조사도 목숨을 비는구나!

〈덧말〉 나무를 다듬는 자를 목수라 하고 말씀을 다듬는 자는 목사라 한다. 인간의 지식을 가르치는 사람은 교사이고 양변의 선악을 가르는 자는 판사라 한다. 깨달음의 수행자는 도사라 하고 이 세상에 대 자유인은 선사라 한다.

할!은 몇 근인가?

그대 생각이 몇 근인지 달아보게.
할!

〈무문관 제44칙〉 파초주장(芭蕉拄杖) 芭蕉和尚示眾云, 爾有拄杖子, 我與爾拄杖子, 爾無拄杖子, 我奪爾拄杖子. 파초혜청 화상이 대중에게 말씀하였다. 그대에게 주장자가 있으면, 내가 그대에게 주장자를 줄 것이고, 그대에게 주장자가 없으면, 나는 그대의 주장자를 빼앗을 것이다.

〈무문송〉 諸方深與淺, 都在掌握中. 撑天幷拄地, 隨處振宗風. 제방의 깊고 얕음이, 모두 이 손아귀 가운데 있다. 하늘을 받치고 땅을 지탱하니, 어디서나 종풍을 떨치도다.

눈사람

저 눈사람도 한 살을 더 먹었다.

-설날 아침에-

〈무문관 제45칙〉 타시아수(他是阿誰) 東山演師祖曰, 釋迦彌勒, 猶是他奴. 且道, 他是阿誰. 동산의 법연 스님이 말했다. 석가와 미륵도 오히려 그의 종이다. 자, 말해보라. 그는 누구인가?

〈무문송〉 他弓莫挽, 他馬莫騎. 他非莫辨, 他事莫知. 남의 활을 당기지 말고, 남의 말을 타지 말라. 남의 잘못을 말하지 말고, 남의 일을 알려고 하지 말라.

〈덧말〉 진리는 지금 여기서 숨 쉬는 생명작용 일 뿐! 생각이나 말로 진리라고 하는 것은 썩은 나무 막대기 보다도 못하다. 그대는 진정 무엇을 말하려 하는가. 진리는 하나일 뿐, 둘은 없다. 그 진리를 안 사람은 다투는 일이 없다. 그들은 각기 다른 진리를 찬양하고 있다. 그러므로 사람들은 똑같은 것을 똑같이 말하지 않는다. -숫타니파타中에-

하루살이

하루를 다 가면서도

생의 마지막을 서슴없이 불 속에 띠어드네.

〈무문관 제46칙〉 간두진보(竿頭進步) 石霜和尚云, 百尺竿頭如何進步. 又古德云, 百尺竿頭坐底人, 雖然得入未爲眞. 百尺竿頭須進步, 十方世界現全身. 석상 화상이 말했다. 백 척 장대 끝에서 어떻게 한 걸음 더 나아갈 것인가? 다시 옛 사람이 말했다. 백 척 장대 끝에 앉은 사람은, 비록 도에 들어 왔으나 아직 참된 것은 아니다. 백 척 장대 끝에서 모름지기 한 걸음 더 나아가야, 시방세계에 온 몸을 드러낼 것이다.

〈무문송〉 瞎卻頂門眼, 錯認定盤星. 拚身能捨命, 一盲引眾盲. 정수리 위의 눈을 감아, 저울의 첫 눈금을 잘못 읽는다면, 아낌없이 목숨을 버릴 수 있더라도, 한 장님이 뭇 장님을 이끄는 것이다.

〈덧말〉 삶은 에고가 만드는 것일 뿐 만들어 져 있지 않다. 자유롭다는 말이 어디에 자유롭다는 말인가.

진실 眞

처음도 참! 좋고
중간도 참! 좋고
끝도 참! 좋다

〈무문관 제47칙〉 도솔삼관(兜率三關) 兜率悅和尚, 設三關問學者. 撥草參玄只圖見性, 即今上人性在甚處. 識得自性, 方脫生死, 眼光落時, 作麼生脫. 脫得生死, 便知去處, 四大分離, 向甚處去. 도솔 열화상은, 세 가지 관문을 만들어 배우는 사람들에게 물었다. 번뇌 망상을 헤치고 불법을 찾음은 다만 견성하기 위함인데, 지금 그대의 성품은 어느 곳에 있는가.
스스로의 성품을 알게 되면, 바야흐로 생사에서, 벗어나는데, 죽음이 다가왔을 때, 어떻게 해탈할 것인가? 생사를 벗어날 수 있다면, 곧 갈 곳을 아는데, 4대가 흩어지면 어느 곳으로 가는가?

〈무문頌〉 一念普觀無量劫, 無量劫事即如今. 如今覷破箇一念, 覷破如今覷底人. 한 순간에 무량한 세월을 두루 살펴보니, 무량한 세월의 일이 곧바로 지금이네. 지금 이 한 순간을 꿰뚫어 보면, 지금 꿰뚫어 보는 사람마저 꿰뚫어 보리.

법 法

저 매화나무는 아무리 봄이 늦게 찾아와도

꽃잎을 먼저 피우지 않는다.

―――

〈무문관 제48칙〉 건봉일로(乾峰一路) 乾峰和尙, 因僧問, 十方薄伽梵, 一路涅槃門, 未審, 路頭在甚麽處. 峰拈起拄杖, 劃一劃云, 在者裏. 後僧請益雲門, 門拈起扇子云, 扇子[足+孛]跳, 上三十三天, 築著帝釋鼻孔, 東海鯉魚打一棒, 雨似盆傾. 건봉 화상에게, 어떤 승려가 물었다. 시방의 부처님들이, 한 길로 열반문에 들었다 하니, 알지 못하겠습니다. 길이 어느 곳에 있습니까? 건봉이 주장자를 집어 들어, 허공에 한 획을 긋고 말했다. 여기에 있다. 나중에 그 스님이 운문에게 다시 가르침을 청했다. 운문은 부채를 집어 들고 말했다. 이 부채가 뛰어, 33천에 올라가, 제석천왕의 콧구멍을 찌르고, 동해의 잉어를 한 방망이 때리니, 비가 물동이를 기울인 듯 쏟아진다.

〈무문頌〉 未擧步時先已到, 未動舌時先說了. 直饒著著在機先, 更須知有向上竅. 미처 발걸음을 떼기도 전에 이미 도달하였고, 혓바닥을 움직이기도 전에 벌써 말해 버렸네. 설령 한 수 한 수 기선을 제압했다 하더라도, 다시 향상(向上)의 도리가 있음을 알아야 하리.

〈덧말〉 동풍이 불면 봄 인줄 알고 서풍이 불면 가을 인줄 안다고 누가 말하겠는가! 동풍인가 서풍인가, 봄인가 가을인가.

思

막사발의 노래

1. 흙의 역사

태토胎土를 중심에 앉히고 왼발이 물레를 찬다.
두 손이 응어리진 흙덩이를 어루만져 고치의 실을 풀어내듯
물레가 돌고 흙이 역사를 기억한다.
바람이 출생을 묻고 흙이 답 한다
황금토의 씨와 날로 태를 거두었느냐,
백두의 신시 아사달에 터를 잡았습니다.
땅에 안기는 모든 중심은 어미의 성품이며 얼이라
그 얼비침에 풍류의 도를 따라 물레가 돌아가니
돌아 돌아 팽이처럼 춤을 추었느냐,
한 바퀴 돌아 生하고
한 바퀴 돌아 死하는 중심세우기를 기억합니다.
하늘을 담는 경계를 굽이 어찌 이고 서느냐,
그릇은 무릇 빗는 이의 성性을 닮는 것
흙을 만지되 만진다는 생각을 끊고 회전에 맞기며
하루 밥 세끼 먹는 힘으로 중심을 빗습니다.
굽도리에 고요한 대竹마디의 허리붙이 오름세와 울 선이
어우러져 꼴을 나투니.

2. 불의 노래

얼 빛 사려 어머니 자궁에 불을 지피니
붉은 양수에서 울렁 알이 솟네
한바탕 휘몰이 장단에 태극이 일어
불이 뼈를 다듬고
물빛 돌아 흐르니
흙 숨 사리사리 매화피로 맺혀
천지에서 백록의 모습 닮은
꽃핀 눈 박이 정호井戶사발로

3. 사발의 미소

사뿐히 녁 잠을 자고 아리랑 웃으며
신시의 흰 새벽 살구 빛 두루마기 입고 오는 뉘야
즈믄 즈믄 새미에 물빛 걸어와 정화수로
장골 머슴의 고봉 이밥으로
개 밥그릇의 도리로
지지리 못생긴 얼굴 떠돌아 돌아
속 비워 마음 없는 마음을 담는 누이
조선朝鮮의 미소여!

4. 茶차 한잔 들게

빼앗긴 봄에도
매화꽃은 피어 화안한데
시집간 누이 친정 돌아오는 날
마당에 달빛 펼쳐 깔고
잘 익은 별빛 몇 개 따다 불을 지필 테니
산 빛 품어 졸고 있는 계곡 물 깨워
차를 다리시게
저 밤잠 못 이루는 산 벗들
뒤란 대숲에 숨어 기웃대는
흰 바람까지 불러 함께
차 한 잔 들고 싶네.

정호다완(井戸茶碗)- 막사발이라고도 하며 조선 초기의 사발로 임진외란 때 일본으로 건너가 현제 일본 국보1호 및 중요문화재로 20여점이 지정되어 있다. 조선을 대표하는 그릇이 자완이다. 일본에서는 조선에서 빼앗아간 정호다완을 보물1호로 지정해 놓고 귀하게 여긴다. 우리는 그러한 그릇을 막사발이라 하여 그야말로 막 쓰는 사발이었다. 그래서 국그릇 밥그릇으로 쓰다가 개밥 그릇도 되고 그냥 무심으로 쓰는 그릇이다 보니 그릇을 빗는 장인들도 그야말로 무심으로 물레를 돌리고 한 끼 밥 빌어먹는 힘으로 그러하게 만들었던 그릇이었다. 그런데 우리는 그러한 귀한 민족정신이며 유물인 막사발을 어찌 반환하려 하지 않는가, 하루빨리 고양으로 돌아와야 한다. 아니면 일본에서도 누구나 감상 할 수 있는 우리 조선 사람이 만든 조선의 영혼이 깃든 작품임을 만방에 공개하고 관람할 수 있게 해야 한다. 우리의 소중한 보물들이 조국의 품으로 다시 돌아오는 날을 기다리며…

門

몸문 마음문 말문
色문受문相문行문識문
眼문 耳문 鼻문 舌문 身문 意문
色문聲문香문味문觸문法문

하늘과 땅을 나누는 천문
낮과 밤을 여는 하루문
천당문 극락문 지옥문
사문 길문 산문
새문 헌문
如門多門
無門
門

첨성대는 풍장대이다 風葬臺

하늘로 가는 길목엔 문이 있어라
이곳과 저곳의 사이를 경계해 그
틈을 넘나드는 시작이며
소통 길이라 정(丁)을 든
불들이 365개의 염원을
다듬어 27단 도리천에
오르는 기단을 쌓으니 井자석
한 단은 땅에서 하늘로 나아가는
바라보기 우물 井정이요 井자석
두 단은 하늘에서 땅으로 내려 보기
우물鼎의 비추   임 이니 아득한
고향 그 어느   별 가장 가까운
곳에다 문을 반   늘고 이승과 저승을
경계 해 그 하늘   문을 나서던 곳이라
주검이 뉘어서 서성이다 새들의 먹이가 되고
바람이 되고 흐르는 강물로 땅을 적시니 다시
싹으로 움터 이름 모를 꽃으로 피고 지다 뭇 시절을
만나 함께 어울러 지구별 떠돌다 온 새미에 발을 내려
비나이다 비나이다 정안수 삼신할매 인연줄로 인신난
득人身難得 귀한 소식 생로병사 열두 바퀴 시작되니 어머니
의 문을 열고 햇귀 안내 받아 한울 세상 거뜬히 살다 아
버지의 문을 열고 다시 돌아가는 길이니 현生생의 아슴한
그리움을 사모하고 저生생의 기원으로 쌓여진 제단이라 우리
사이에 業업을 벗고 떠나는 여행자이니 정수리 위로 쏟아지는
새벽 별밭을 이슬처럼 걸어서 어느 때이든 본래 그 고향으로 갈
꺼라 주검이 누워서 하늘 일곱별 길 서성이던 솟도 이거늘.
가 테 가 테 바 라 가 테 바 라 승 가 테 보 디 스 바 하!

부처님 꽃상여 불 질러 놓고

오랜만이다
비구니스님 법문이 날아왔다
황소 따라 출가해 새끼들 낳고 살 비비고 산다며
수화기에 들려오는 아이들 칭얼거리는 목탁소리

둥둥 소가 울고
속 비워낸 나무가 울고
종소리 날아날아
청암사 골안이 울어 새벽이 텅 한 때
'어찌 생生이며 멸滅인가'

풀잎에 맺힌 이슬 하나 길 위 박혀있는 돌 하나에 대오大悟를 거닐다
발아래 나뭇잎 주워 개울물 띄워 보내고 스님 빈손 들어 웃다.

거슬러 강을 건너네
다리 여섯인 소 끌고
부처님 꽃상여 불 질러놓고.

귀명 歸命

울어서, 텅
온몸으로 울어서
울음으로 비워내는
텅, 껍데기만 남아서
다시 돌아 돌아와
말씀和諍으로 울어서

새벽을 쓰는 것은 무명에서 깨어나 진리를 마주하는 것! 세상이 드러나지 않는 투명한 새벽 시간에 일어나 법당에 혼자 앉아서 종을 치면 삼천대천계에 굽이굽이 퍼져가는 생명의 파문을 본다. "원차종성변법계 철위유암실개명(願此鐘聲遍法界 鐵圍幽暗悉皆明)" 뎅~~~ 원컨대 이 종소리 법계에 두루 퍼져 철위산간 지옥의 어두움이 모두 다 밝아지고 "삼도이고파도산 일체중생성정각(三途離苦破刀山 一切衆生成正覺)" 뎅~~~ 삼악도의 고통을 여의고 모든 지옥이 부서지면 일체 중생이 정각을 이루어지이다. 온 천하대지를 진동시키며 울어서 살아나는 종소리가 연기소생의 한 소식이며 원효대사의 화쟁(和諍)의 일심이 아니련가! 침묵한 어둠을 허물고 오는 새벽의 범종 소식은 온 누리에 새 날을 알리는 생명작용이다. 그 맥놀이의 숨결 속으로 가만히 수처작주 입처개진(隨處作主 立處皆眞)의 발걸음을 옮겨본다.

봄비, 죽비竹扉를 쳐라

배꽃梨花는 희게 웃고
도화桃花는 붉게 웃고
들길나선 황소는 소같이 웃고
온통 푸른 웃음들 산산에 번지는데
솔 그늘에 참꽃惧達花은 아직도 잠을 깨는가
봄비, 죽비竹篦를 쳐라

주목 朱木

명태가 태백 산등을 기어올라
잎겨드랑이에 녹색비늘지느러미 천궁을 헤엄치다
임제의 할喝! 바람에 혜가의 팔뚝 하나를 툭 잘라내고
사철윤회에도 꿈적 없이
이뭐꼬!
골똘하다 푸른 수의를 벗는다.
금줄에 매달린 북어 풍장風葬을 치듯
늙은 시간이 벗어놓은 그랜드캐니언의 협곡처럼
굽이쳐 흐르는 물길도 햇살에는 맞설 수 없듯
세월은 저리 몸 안에 마른 강줄기를 내는 것이랴.

―――

혜가(慧可)는 달마대사의 법을 이은 제자, 혜가가 소림굴에 수행하는 달마대사를 찾아가 제자로 받아주기를 원했으나 답이 없자 스스로 팔을 잘라서 자신의 신념을 확인시키니 달마가 제자로 받아줬다는 이야기다.
*임제(臨濟) 당나라의 선승 임제종의 개조(開祖)이며 그의 어록인 임제록(臨濟錄)에 '수처작주 입처개진(隨處作住 立處皆眞), 언제 어디서나 주체적일 수 있다면, 서 있는 곳이 모두 참된 것이다.' 선불교의 대표적 선승이며 불법의 대의를 묻는 질문에 벼락같은 할(喝)! 로써 고함을 쳐서 깨닫게 했다고 한다.

허공에 쓰는 글 花紋

벙어리 안드레아와 어미가 봄 길을 간다.

햇살을 연주하는 손과
하늘에 그려지는 입들

아지 못하는 악기이기도
출렁이는 푸른 화음이듯*

영산회상靈山會相에
꽃 한 송이 들어 미소 나누듯

봄나비 함께 나풀거리며 화문花紋을 그리는

---

* 김종삼님의 시 〈소리〉 中에서
* 영산회상(靈山會相): 석가모니가 영산(靈山)에서 법화의 법문을 설하는 중에 꽃 송이 하나를 들어 보이매 부처님 제자인 가섭(迦葉)존자가 빙그레 웃었다. 이를 염화시중(拈花示衆)의 미소라 하고, 영산회의 모습을 그리워하며 만들어진 음악이 바로 이 靈山會相이며 한국 전통음악 가운데 궁중이나 민간에서 연주되던 현악합주곡이다.

생불
– 다리 여덟 소 –

"다리가 여덟인 소를 봤소."
우리 고향에 팔목이 아저씨는 매일
만나는 사람 붙잡고 묻습니다.
"다리가 여덟 개 운무우 봤나유"
눈을 뒤집고 코를 실룩거리며 주둥이는 쭈욱 내밀고
화난 소 모양 흉내를 냅니다.
아저씨를 만나는 사람마다.
"이 빙신아 다리가 여덟인 소가 어딨노"라며 면박을 줍니다.
모두가 다리가 여덟 개인 소를
구경 못했다고 합니다.
내가 고향을 떠난 지 10년 되던 해에
아저씨는 여덟 개 다리를 가진 소를 찾으러 떠났다고
또, 10년이 지난 오늘까지 팔목이 아저씨는
집엘 돌아오지 않았습니다.
나는 어릴 적 아저씨가 무서웠고, 미친 사람이라고 놀려댔습니다.
그런데 아저씨가 나에게 묻던, 다리가 여덟 개 달린 소를 못 봤냐는
말이 늘 머리를 떠나지 않았습니다. 그 후로
나도 모르게 그 소를 정말 찾고 있었습니다.
이젠 아저씨를 만나면 아저씨가 찾던 소를
보여줄 겁니다.
다리가 여덟 개 달리고 꼬리가 두 개인 소를 내가
팔호 캔버스에 그린.

생불18
- 독존자태 -

달이 권력의 상징일 줄이야
어둠을 밝혀주는 고행자인가 했는데
월계관을 상징처럼 두르고
늦겨울 추운 날
별들 거느리고 나투는 독존자태獨存姿態
벌건 몸뚱이 다 내어놓고
金금빛 권력인양 헌들 거리는 위선은
정녕, 침묵하는 밤의 언어들이
기다리는 새벽을
알지 못한 안타까움이다.

개밥그릇

쭈그렁 양은 밥그릇 앞에 놓고
땅바닥에 털썩 배 깔고 턱을 괸
누렁이가 졸고 있는 듯

먹다 남은 쟁개비 안을 쓰윽 햇살이 핥고 가면
그릇 안에 호수가 생겨
그릇은 호수를 먹고
호수는 하늘을 먹고
하늘은 산을 먹고
산은 온갖 양염 비벼 그릇 안에 담아 놓으니
혹 호수에 잉어 몇 마리 들어온다 치면
덤으로 보양탕까지
놈은 늘 잠을 자는 척 호수 낚고 있는가

하늘이 밥인 줄 아는
미구 같은 놈

밥그릇이 컹컹 짖는다.

무원 無願

외다리 노인이 논 섶을 걷는 둥
꾸부렁 백사 목에다
자 반 오리주둥이 하고
다리는 가늘어 오죽 같고
장마 비에 쭈그렁 어깨가 섧다
안개 낀 날 소 찾듯
기웃기웃 능선을 넘보나

농무濃霧가 노객을 염하여 묻는다.
논 골에 번지는 곡哭 소리

不以佛 불이불

風雪雰雰　紅梅亂亂
黑夜山寺　燈石危危
法堂不佛　童子眄眠

풍설분분　홍매난난
흑야산사　등석위위
법당불불　동자면면

눈보라가 분주하니 홍매화가 난리구나, 캄캄한 밤 산사에 석등불이 위태위태한데, 법당에 부처는 어디가고 동자만 졸고 있나.

속도가 살생殺生을 한다

넌출거리는 근육들 날카로운 발톱 움켜쥐고 달리는 힘
토끼 목덜미가 호랑이 이빨에 물리는 순간
질주하던 빠름이 느림을 죽인다.

지하철 가랑이 사이로 오가던 힘들이 바퀴의 힘으로 바뀌면
속도와 속도가 부딪쳐 일어나는 파괴의 힘
강철을 찢고 뼈를 부수고 속도가 살생을 한다.

나뭇잎은 시월의 숫자 앞에
검은 땅에서 굶어 죽는 아이들은 선진국의 속도에
펜티엄은 연식에 겔럭시는 숫자에 살생 당하듯
속도에 죽어가는 현실은, 쑈공!

달 길

누가 벽공碧空에 소식을 풀었나.
어둠의 갈빗대를 뚫고 나오는 늑대 울음인 듯
목 없던 돌부처 감춰둔 얼굴이 능청스레 남산 어깨에 목말을 타고 웃나
한 송이 연꽃안부가 번진다.
감실할매* 앉았던 천년을 툭 걷어차고 선다.
달빛사태다.

---

*감실할매- 경주 남산 불곡에 있는 감실할매부처로 알고 있는 불곡석불좌상은 우리의 민족 신앙인 풍류도에서 나타난 삼신할매이며 칠성할매 혹은 대진씨(뉘조)할매이다. 우리 어머니들이 새벽마다 정안수를 장독대 위에 떠 놓고 칠성님께 비나이다! 비나이다! 기도 올리는 어머니의 어머니인 뉘조할매. 뉘조는 우리 민족의 최초 문자역사를 개천하신 신농(神農)조의 딸이며 황제(皇帝)의 부인이다. 칠성신 사상의 조각이나 불상 등의 역사를 찾아보면 신라 불교는 우리민족 신앙인 풍류의 신앙 즉 칠성사상과 함께 접목되고 있는 것을 많이 볼 수 있는데 칠성(七星)단이나 산신(山神)각 등이 대표적인 예이다. 특히 경주서쪽에 있는 성모산에는 성모상을 모신 절이 있는데 그것 또한 같은 맥락이다. 이러한 역사적 근거와 사료를 통해 볼 때 대표적인 경주 감실 할매부처라고 알고 있는 감실의 주인공은 불교적 상징인 보살이나 부처가 아니라 소박하고 인자한 우리의 할머니 조상인 뉘조 할매인 삼신할매라고 확신 할 수 있는데 석불좌상이 아니라 석모좌상이나 성모좌상으로 명명해야 할 것이다.

鼻塚 비총

귀가없네 코가없어 임진정유 외란때에 12만6천 원혼들
한 서린 피울음 현해탄 건너온 아리요 메아리

삼중지장 대자비 원력회향으로
나라위한 무명원혼 다시 찾은 고향산천

400세월 아린가슴 안고 온 님 뉘 알랴
노고지리 종다리 오늘도 변함없네

비리비리 우고지고
어무이 아부이.

삼중스님의 원력으로 1993년 일본 오카야마(岡山)현 비젠(備前)시에 있는 코무덤을 전북 부안군 상서면 감교리 호벌치에 비총을 환국영령 안장을 하여 봉안되어 있다. 임진왜란과 병자호란 때 전공의 표시인 적군의 머리 대신 부피가 덜 나가는 귀나 코를 잘라 소금에 절여서 일본으로 가져갔다. 이후 '이총(耳塚)', '비총(鼻塚)'이란 이름으로 무덤을 만들고 그 위에 석탑을 쌓았다. 그 앞에 있는 안내판 말미에는 "전쟁은 막을 내렸으나 전란이 남긴 이 귀무덤(코무덤)은 전란하에 입은 조선 민중의 수난을 역사의 교훈으로서 오늘날까지 전해지고 있다"고 한글 설명까지 쓰여 있다.

天蓮花 천연화

검은 부리 저어새가 물고 오난 흰 달이
마니산에 걸터앉아 한 송이 꽃을 그리시가.

마고할머이 빗은 뻘 위에 물사리 조금조금 오시겨
잎을 그리고 꽃대를 세워 씨-익 밝이 웃음 피우네.

강화, 너른 갯벌 한 송이 연등춤으로
나붓나붓 꽃등에 오란 달무리 별무리 어울겨어.

참성단에 피워 올린 법화가 온 누리를 밝히시겨.
천언화야! 천연화야!

―――
강화도의 갯벌은 세계4대 갯벌 중에 하나이며 천연기념물로 지정되어 있다.

■ 덧말

달을 가리키는 손가락을 보지 말고
달을 보자!

■ 덧말

달을 가리키는 손가락을 보지 말고 달을 보자!

   지면을 통해 시를 발표하고 활동한지가 30년이 되어간다. 시다운 시를 짓지 못한 탓이겠지만 개인 시집 발간은 처음이다. 그러다 보니 어쭙잖게 할 말도 많고 시를 짓고 바라보는 글 마음을 내 보이고 싶어 몇 자 적어본다.
   어디까지나 나의 주관적 생각이다 보니 혹여 편견이나 부족함이 있어도 양해를 먼저 구한다.

   매 순간순간이 깨어 있는 존재로 나를 확인하는 것이 우리의 참된 삶이다.
   지난 과거나 오지 않는 미래에 억매이거나 집착하여 소중한 지금의 시간을 낭비하는 것이 아니라 늘 성성하게 살아있는 지금이 가장 귀중한 시간이다.
   오직 지금! 숨 쉬며 느끼고 있는 이 순간, 이것이 삶임을 자각하게 하는 화두(話頭)가 나는 시(詩)라고 생각한다.

화두는 불교에서 참선수행자(參禪修行者)가 깨달음을 얻기 위하여 참구(參究 : 참선하여 진리를 찾음)하는 공안(公案)·고칙(古則)이라고도 한다. 화두의 '화(話)'는 말이라는 뜻이고, '두(頭)'는 머리. 즉 앞서 간다는 뜻이다.

따라서 화두는 언어 이전의 소식이라는 뜻을 담고 말뜻의 본질을 언하(言下)에 깨달아 알아차리는 말이다.

깨달음이라는 것도 깨닫기 전에 생각으로 깨달은 후의 마음을 절대 알 수 없다.

여기에 사과가 하나 있다. 이 사과의 맛을 먹어보지 않고는 절대 사과의 맛을 100%로 알 수 없다. 그렇다고 사과를 먹고 맛을 알았다고 해서 말이나 글의 설명으로 100% 사과의 맛을 전달할 수가 있겠는가. 아니다. 사과의 맛은 먹어 본 자들만이 맛을 알아차릴 뿐이다. 그 맛을 완벽하게 전해 주는 방법은 사과를 먹어보게 하는 방법 밖에 없다.

이렇듯 참 진리의 깨달음은 스스로 수행하는 체험과 노력을 통한 알아차림 밖에는 없다. 수많은 진리의 경전이나 성인들의 말씀을 이해하고 안다고 해서 진리의 본질을 깨달았다고 볼 수 없다. 그것들은 단지 진리를 체험하고 깨닫게 하는 수단이고 방편이지 그 자체가 진리 아님을 알아야한다.

즉 달을 가리키는 손가락을 보지 말고 달을 봐야 한다는 말이다.

달을 보라고 손가락을 가리키는데 우리는 달을 보지 않고 손가락을 본다는 것이다.

달을 가리키는 손가락이 언어라면 달은 손가락을 벗어난 본질인데 우리는 달을 보지 않고 손가락에 집착하고 온갖 분별심을 낸다는 것이다.

또한 언어로써 대상의 본질을 완벽하게 전달하려 하지만 할 수가 없다. 融대사(융)는 "눈먼 개가 우거진 띠 잎이 바람에 스치는 것을 보고 짓자 눈먼 소경은 도둑이라 외쳤으니 이는 소리 따라 헷갈리게 되었으니 진실로 눈으로 見하지 않기 때문이다."라는 말처럼 지나친 언어를 자신의 알음알이로 판단하고 분별하여 언어의 본질을 보지 못하는 우를 범할 수도 있다는 말이다.

즉 언어는 언어 자체에는 모순이 없지만 그 언어를 자신의 알음아리로 해석하고 판단하는 모순이 생긴다는 것이다.
언어는 전달하고자하는 대상이나 목적을 직접 만나게 하거나 목적을 달성하게 하는 2차적인 수단이지 그 자체가 아니라는 것이다.
입으로 불을 말하고 뜨겁다고 해서 입술이 뜨겁지 않고 말로 배가 부르다고 해서 실지 배가 부르지 않는 것과 같은 이치다.
이것이 언어의 특성이면서 모순인 것이다.

부처님도 "언어의 본질은 욕구이다."라고 경전에서 쓰고 있듯 언어라는 도구를 빌려서 지신의 생각인 욕망이나 탐욕을 나타내는 산물이라는 뜻이다.

나는 이러한 언어의 모순성을 극복하고 최대한의 살아있는 언어가 무엇일까?

언어가 갖는 시 공간적 계념을 벗어난 살아 있는 지금의 언어, 그것이 선불교에서 이야기하는 간화(看話) 즉 말을 본다는 화두(話頭)이며 말후구(末後句) 혹은 선문답(禪問答)이다.

선(禪)이란 우리 본성의 성품자리에 깨어 있는 상태를 말하는데 그 자리는 어떤 관념적인 생각이나 욕망(탐貪.진嗔.치痴)의 분별이나 설명을 떠난 자리를 말한다.

그래서 화두 참구란 말과 글 이전의 본래면목을 알아차리게 하는 수단인 것이다.

다시 말해 언어의 가장 순수한 상태인 언어가 옷을 벗고 알몸으로 나투는 때, 혹은 언어가 어린아이같이 순진한 말이라고 한다면 어떨까.

이 세상에 모든 것은 불성(佛性)이 있다고 알고 있는 어떤 스님이 조주라는 스님을 찾아가서 개도 불성이 있습니까? 질문을 하니 '무(無)'라고 대답을 했다.

질문하는 사람이 없을 '無'라는 순수 말을 듣는 사람이 그대로 '無'라고 알아차리지 못하고 뜻을 생각하면 그 때부터 분별망상이 시작된다. 왜 없을 無라고 하지, 분명히 개도 불성이 있다는데. 無.에는 또 다른 뜻이 있는가... 등등, 이것이 언어가 갖는 특성이다.

도가 무엇입니까? 주먹을 들어 보이고. 할! 고함을 치고 몽둥이로 때린다.

뜻을 알아차리면 환희로 눈물이 날 것이지만 그렇지 않으면 웬 시끄럽게 고함을 치고 폭력을 하고 난리 브루스를 친다고 할 것이다.

그래서 선어(禪語)에서는 언어도단(言語道斷) 불립문자(不立文字)라는 말을 쓴다.

즉 말과 글 이전의 뜻을 알아차리게 하는 1차적인 본질을 꿰뚫는 말이 선어(禪語)이며 그 다음이 시어(詩語)들이라고 본다.

나는 그러한 언어가 참 시이고 늘 성성하게 깨어 있는 시가 된다고 생각한다.

사실 시(詩)라는 글자를 보면 말씀言자에 절寺자로 절에서 쓰는 말이라는 뜻이다.

즉 절에서 쓰는 말이 선시(禪詩)이듯 시가 그런 언어이전의 함축적인 진면목(眞面目)을 가지고 있어야 한다는 의미이기도 하다.

수묵화에서 먹과 화선지가 갖는 여백의 미가 있듯 언어의 여백을 잘 살리는 것이 선시이다.

참 진리를 전달하는데 언어로서의 한계성을 앞에서 언급했지만

의사전달 수단이 말과 언어이기 때문에 언어가 갖는 최소한의 기능을 빌려 쓰는 것이 시이며 화두이며 선문답이라 하겠다.

여러 선인들도 시는 왜 짧고 선명해야하느냐에 대해서 설명한 것을 잠시 들어다 보면,

첫째, 말이 많으면 중심이 흩어지기 쉽다. 노자는 "言者不知 知者不言"이라 했다 즉 이야기하는 사람은 알지 못하고 아는 사람은 말하지 않는다.

둘째, 말이란 자기의 생각을 전달하는 수단이기 때문에 자신의 편견이나 주관이 개입되는 우를 범할 수 있다. 논어에는 '교언영색은 인이 드물다.'라고 했다.

셋째, 시는 최상의 하늘의 울림(자연의 소리)이기에 최소한의 인간의 영적 소리로 전달되어야 자연에 가깝다. 이규보(李圭報)〈고려문호〉가 쓴 (詩論中徵旨略言: 시의 깊은 뜻을 간추려 논함)에서 "대저 시는 뜻(意)이 중심이 된다. 뜻을 펼치는 것이 더 어렵고 말을 엮는 것은 그 다음이다. 즉 어떻게 쓸까보다 무엇을 쓸까가 먼저다. 뜻(意)은 기(氣)가 중심이며 기(氣)의 우열에 따라 시가 깊어지기도 하고 얕아 지기도 한다. 기(氣)는 하늘에서 나오는 것이어서 배워서 얻을 수 없다"고 했다.

넷째, 시에는 아홉 가지의 마땅치 않는 체가 있다. 한유는 "사필기출(詞必己出): 반드시 자기목소리를 내며, 신언지무거(陳言之務去): 남이 쓴 말을 쓰는 것을 꺼리라" 했고, 두보는 어불경인사불휴(語不驚人死不休): 말이 사람을 놀래 키지 못하면 죽어서도 그만두지 않겠다."고 했다.

다섯째, 시는 설명이 아니라 있는 그대로 나타냄이기 때문이다.
영국의 시인이며 철학자인 CD루이스는 "자연 그대로의 뜻을 풀어 보고 받아들일 때 스스로 자생되어 울어 나오는 것이다."라고 했다.

이상에서 보듯이 좋은 시는 가장 자연스러운 언어(自然語)로 쓰여 진 시라고 본다.
자연스러움이란 조작이 없이 있는 그대로 나타내는 바람소리, 문살에 기대선 햇살 같은 것이다. 그러한 소리의 언어를 법음(法音) 혹은 원음(圓音)이라고 한다. 그러한 소리는 시시각각 모든 사람, 식물, 동물들 각각의 언어로 들을 수 있기 때문에 원융(圓融)하다고 한다.

 그래서 나는 시란? '나를 버리고 그러함(自然)이 되는 소식'이라고 말하고 싶다.
 시는 언어로 된 자연이다.
 가장 완벽하게 자연을 닮은 글의 씨앗들이 문장 속에 심겨서 새 생명을 잉태해 내는 것이다.

 즉 자연의 질서를 보여주는 것이기 때문에 자연의 본성을 깨닫지 못하고 쓴 시는 개인의 식견을 나열하는 넋두리일 뿐이다. 그래서 시는 지식(識見)의 산물(學文)이 아니라 인간 지식의 경계를 허무는 깨달음(禪, 道)의 결정체(本性)이다.

 시는 나의 시가, 누구의 시가 아니라 객관화된 독립된 개체로 존재되어야 한다.
 일반적인 시란 언어의 능력을 잘 갖춘 자들 간의 사유(思惟)적 유희라고 해도 틀린 말은 아닐 듯, 시가 객관화된 독립성이 없이 한 개인의 생각이나 넋두리를 나타내는 것은 주관적인 생각으로 포장된 언어의 유희일 뿐 시라고는 할 수 없다고 생각한다.

 엘리엇도 "시는 개인의 감정을 나타내는 것이 아니라 감정을 감추는 것이다"라고 했듯이 자신의 시를 객관화시키기 우해서는 나를 객관화 시켜야 한다. 즉 나의 알음아리로 세상을 바라보는 식견을 내려

놓아야 한다. 다시 말해서 내가 주관자가 아니라 대상이나 사물이 주관자가 되어 있다는 것을 알아차리는 것이고 나아가 서로 교통하는 하나가 되는 깨달음에 이르면 그 때 시는 스스로 독립된 존재로 깨어 있게 된다.

나는 17음절로 절제된 표현과 날카롭고 절제된 표현으로 자연을 읽어 내고 있는 일본 하이쿠를 좋아한다.
특히 바쇼의 '오래된 연못에 개구리 한 마리 뛰어드는 물소리'이라는 하이쿠를 좋아한다.
오뉴월 한 낮의 고요한 적막 속에서 느닷없이 개구리가 연못에 풍덩! 뛰어드는 그 소리는 시공간을 한꺼번에 삼키는 우주의 블랙홀이다. 선사들이 '할!'을 하는 소리와도 같고 조주의 '무' 몽둥이가 날아와 몸에 부딪치는 순간의 적적성성(寂寂惺惺)함처럼 깨어서 살아 있는 관음(觀音)이며 원음이다.

나도 이러한 말과 글을 좋아하다보니 언어가 갖는 설명이나 해석적인 문장에서 벗어난 시의 세계를 여행하게 되었다. 앞에서 설명 했듯 시는 자연의 소리 즉 법(法)의 본성을 선명하게 느끼고 깨닫게 하는 것이라고 생각하여 어떻게 하면 가장 자연어(自然語)를 건축할 수 있을까를 생각하니 시가 짧아지고 단순해 졌다.

그래서 나는 언어가 갖는 최소한의 표현, 단순한 의사 전달의 수단으로 가장 자연스러운 진리를 느끼게 하고 싶은 것이 나의 시작(詩作)이다. 언어의 뿌리만 심는 것, 화려한 장식이나 옷으로 치장하지 않고 단순하며 순순한 언어의 씨앗을 심으려고 노력을 해 봤다.

그동안 모아온 졸작의 글들을 묶어서 크게 5단락으로 나눴다. 단락 구분은 특별한 의미가 있는 것은 아니다. 글을 쓰는 동기나 대상 혹은 글의 길이에 따라 견(見)은 짧은 시로 자연 속에서 법을 보고, 성(性)은 법(法)을 보는 알아차림, 행(行)은 길에서 만난 소식, 사(思)는 일반적인 긴 시, 선(禪)은 선종의 대표적 공안집인 무문관 48칙을 묶어봤다. 참선수행을 하면서 읽혀진 무문관을 짧은 소승의 견지(見知)로 넋두리를 해 봤는데 혹여 라도 선가(禪家)에 누가 되지 않을까 염려되기도 한다. 하지만 이것도 공부라 생각하여 용기를 내 봤다. 무문관에 대한 이해는 선의 서두에 간략하게 설명을 했다.

수행자로써 세상을 바라보는 눈높이와 마음의 경계를 늘 아래로 하심 하는 본분을 잃지 않으려고 노력 하지만 오랜 과거 전생부터 쌓아온 아상(我相)의 질긴 습(習)들이 불쑥 불쑥 말과 글을 내뱉어 놓고는 뒤늦게 후회하고 참회하는 후유증을 만들곤 한다.

혹여 이번에 발표하는 시집 속에도 부족한 내 생각이나 어쭙잖은 주장들로 인해 보는 마음들을 불편하게 하거나 언짢게 했다면 용서를 구합니다. 그리고 글 마음으로 인연된 귀한 스승님들과 시우들의 많은 조언과 지도 편달로 무거운 죽비를 내려 쳐 주시길 바랍니다.

끝으로 함께 행복한 자비행선(慈悲行禪) 〈Happy Together Mercy Meditation〉 중에

함께 행복 나눔 명상 내용의 글로 결을 맺을까 한다.

숨 쉬는 '나는 누구인가!'
숨 쉬는 것을 알아차리는 '나는 누구인가!'
.
지금 여기
오직 숨 쉬며 매 순간순간을 알아차리고 느끼는 존재,
무엇을 들으면 들을 뿐!
보면 볼 뿐!
무엇을 할 때는 오직 할 뿐!
.
오직 지금을 깨어서 알아차리십시오.
.
숨 쉬며 깨어 있는 지금,
나의 한 생각이 나의 전부이며 우주임을 자각하고,
자비의 숨,
사랑의 숨
행복의 숨으로,
찰나찰나 세상을 창조하는 자, 위대한 창조자가 되십시오.
.

나는 오직 지금 여기서, 행복한 존재입니다.

나는 어느 곳, 어느 것에도 구속되지 않고,
그 누구에 간섭 없이, 뭇 생명과 함께 살아갈,

권리와 존재의 가치를 가진 '나'입니다.

그물에 걸리지 않는 바람처럼,
소리에 놀라지 않는 사자처럼,
진흙에 더럽히지 않는 연꽃처럼,
무소의 뿔처럼 혼자서 당당히 걸어갑니다.
 (〈수타니파타 SuttaNipāta〉中)
.
나는 이 세상에서 당당한 주인공, 위대한 주인공으로,
대 자유인이며, 가장 행복한 나입니다.

이러한 깨달음으로 나를 알아차리면,
나는 늘 화안하게, 미소 짓는 얼굴과,
평화로운 마음으로, 행복한 내가 됩니다.
.
나는 지금 이 순간, 가장- 행복한 사람입니다.
나는 늘 지금을 깨어서
가만히 미소 짓는 얼굴과, 평화로운 마음으로…

이 도서의 국립중앙도서관 출판예정도서목록(CIP)은 서지정보유통지원시스템 홈페이지 (http://seoji.nl.go.kr)와 국가자료종합목록시스템(http://www.nl.go.kr/kolisnet)에서 이용하실 수 있습니다. (CIP제어번호: CIP2019016737)

포엠포엠 Books 012

門 열면 밝은 세상

통융 시집

초판 1쇄 발행 | 2019년 4월 29일

지은이 | 통융(箶融, tong yung)
기획·제작·편집 | 한창옥, 성국
디자인 | 성국, 김귀숙

펴낸곳 | 도시출판 포엠포엠 POEMPOEM
출판등록 | 25100-2012-000083

본 사 | 서울시 송파구 잠실로 62 트리지움 308-1603 (05555)
편집실 | 부산시 해운대구 마린시티 3로 37 오르두 1322호 (48118)
출간 문의 | 010-4563-0347, 02-413-7888
팩스 FAX | 02-6478-3888, 051-911-3888
이 메 일 | poempoem@daum.net
홈페이지 | www.poempoem.kr
제작 및 공급처 | 산업디자인전문회사 두손컴

정가 11,000원

ISBN 979-11-86668-26-9 03810

* 저자와 협의 아래 인지를 생략합니다.
* 이 책의 저작권은 저자와 출판사에 있습니다.
  저자 허락과 출판사 동의 없이 무단 전재 및 복제를 금합니다.
* 잘못 만들어진 책은 바꿔드립니다.

포엠포엠
POEMPOEM

門 열면 밝은 세상